22,00

CURSO DE

FILOSOFIA GREGA

Do século VI a.C. ao século III d.C.

J.V. LUCE

CURSO DE FILOSOFIA GREGA

Do século VI a.C. ao século III d.C.

Tradução:
Mário da Gama Kury

Jorge Zahar Editor
Rio de Janeiro

Título original:
An Introduction to Greek Philosophy

Tradução autorizada da primeira edição inglesa publicada em 1992 por Thames and Hudson Ltd., de Londres, Inglaterra

Jorge Zahar Editor Ltda.
rua México 31 sobreloja
20031-144 Rio de Janeiro, RJ
tel.: (021) 240-0226 / fax: (021) 262-5123

CIP-Brasil. Catalogação-na-fonte
Sindicato Nacional dos Editores de Livros, RJ.

Luce, John Victor
L968c Curso de filosofia grega: do século VI a.C. ao século III d.C. / J.V. Luce; tradução, Mário da Gama Kury. — Rio de Janeiro: Jorge Zahar Ed., 1994.

Tradução de: An introduction to Greek philosophy.
Bibliografia.
Apêndice.
ISBN 85-7110-280-5

1. Filosofia grega. 2. Filósofos – Grécia – Bibliografia. I. Título.

CDD — 182
93-1428 CDU — 1(38)

SUMÁRIO

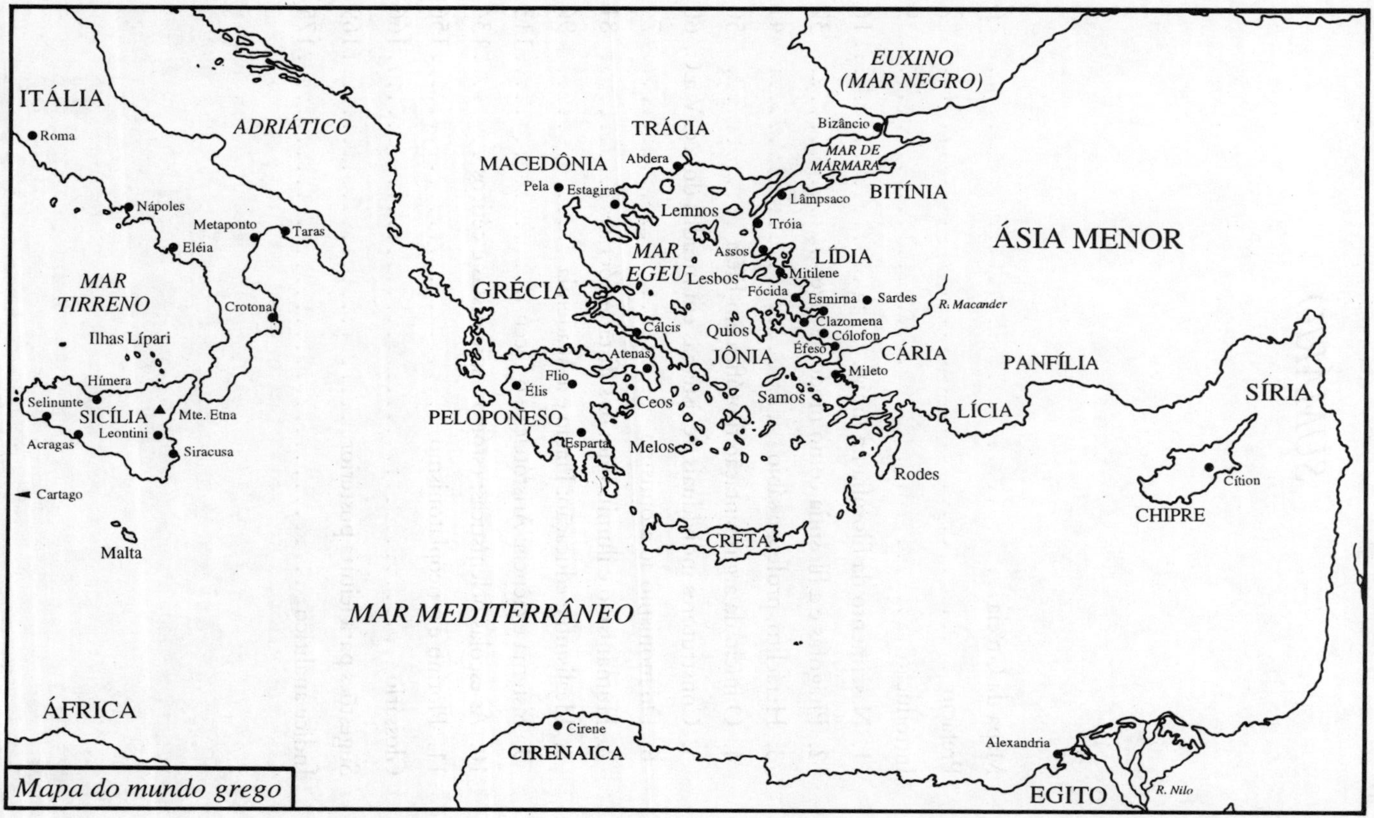

Mapa do mundo grego

PREFÁCIO

O OBJETIVO deste livro é oferecer uma exposição concisa da trajetória da filosofia grega desde o seu aparecimento na Jônia no século VI a.C. até o surgimento do neoplatonismo no século III d.C. Esforcei-me por apresentar os fatos de maneira a serem inteligíveis a leitores sem conhecimento do grego e sem familiaridade com a filosofia.

A interpretação do material das fontes, particularmente em relação aos pensadores mais antigos, é altamente controvertida. Nesses casos não tentei discutir em detalhes os pontos de vista em questão, preferi adotar a linha de interpretação que me pareceu a mais plausível. No fim da introdução apresento uma breve exposição sobre as fontes, e nas últimas páginas do livro podem ser encontradas sugestões para leituras posteriores.

Alguns leitores talvez achem que há muitos detalhes biográficos, mas muitos filósofos antigos foram personalidades notáveis, e creio que vale a pena tentar vê-los como indivíduos num contexto social específico. A fim de definir mais detalhadamente esse contexto, incluí algumas referências aos principais eventos históricos que afetaram o desenvolvimento da filosofia, principalmente os primórdios das cidades-estados jônicas, sua conquista pelos persas que levou a uma dispersão das idéias filosóficas na direção do Ocidente, e o bem-sucedido contra-ataque de Alexandre o Grande, dando início à Idade Helenística.

Apresento também em apêndice um glossário de alguns termos-chaves da filosofia grega. Esses termos aparecem em itálico e marcados com um asterisco em sua primeira ocorrência. As traduções das fontes são minhas, exceto as atribuídas expressamente a outros.

Minhas dívidas a exposições anteriores são numerosas demais para receberem menção específica, mas desejo apresentar agradecimentos especiais a meu colega professor J.C.A. Gaskin, que leu obsequiosamente toda a obra em esboço e fez muitas sugestões proveitosas para seu aprimoramento. Como sempre, devo às opiniões judiciosas e ao estímulo paciente de minha mulher mais do que posso dizer.

Trinity College
DUBLIN

J.V. LUCE

INTRODUÇÃO

A FILOSOFIA GREGA teve origem no início do século VI a.C. na próspera e progressista cidade-estado de Mileto, na Jônia. Desse pequeno mas ousadamente inovador ponto de partida, o movimento se alastrou subseqüentemente por todo o mundo antigo, mantendo sua criatividade por mais de mil anos. Durante esse longo período revelou veios muito diferentes de pensamento, indo da ciência ao misticismo, do idealismo ao materialismo, do dogmatismo ao ceticismo. Apesar disso, o tema também apresenta uma notável coerência interna no sentido de que cada fase sucessiva aparece como um resultado natural e lógico do que aconteceu antes. As influências alienígenas foram mínimas. A filosofia grega tem bons motivos para querer ser vista como a realização mais original e influente do gênio grego.

É impossível exagerar seu efeito de penetração no pensamento europeu subseqüente. Toda a tessitura da cultura ocidental ainda está profundamente influenciada por seus pressupostos, métodos e terminologia. Teoria atômica e ética, matemática e lógica, metafísica e teologia são mais que simples palavras gregas antigas. São meios modernos fundamentais de ordenar a experiência e compreender a realidade, e permanecem intimamente modeladas com base em seus padrões originais.

Para os gregos antigos, a busca da filosofia era uma busca abrangente do conhecimento acerca do mundo, que também envolvia a percepção do lugar do homem nele. Depois de uma fase inicial e rápida de crescimento que durou cerca de dois séculos, a filosofia conquistou uma posição dominante na educação superior, e desde então proporcionou a milhões de pessoas orientação e inspiração para a condução de suas vidas. A fase seminal de abertura, conhecida como o período pré-socrático, estendeu-se aproximadamente de 600 a 400 a.C. A partir daí, o pensamento filosófico foi consolidado por Platão e Aristóteles e pelas escolas que eles fundaram em Atenas no século IV a.C. O período subseqüente a Sócrates girou em torno dessas e de outras escolas e prosseguiu sem qualquer interrupção significativa até 529 d.C. quando, atendendo aos interesses do Cristianismo, o imperador Juliano ordenou que elas fossem fechadas.

No período pré-socrático, o ímpeto principal de investigação se dirigiu para a realização de um entendimento racional do mundo exterior da natureza. A especulação foi dominada por questões importantes acerca da origem do mundo, do número e da natureza de suas partes constituintes, da diferença entre aparência e realidade e do problema de como o movimento e a transformação poderiam ser compatibilizados com o conceito de substância permanente. Em resposta ao desacordo que logo se patenteou, começaram a ser desenvolvidas técnicas formais de argumentação e refutação. Alguns pensadores foram levados a refletir sobre a própria natureza do conhecimento, distinto da opinião ou percepção. Esse período culminou com a elaboração de uma teoria atômica da substância material. Ele também viu os primórdios das seitas filosóficas, principalmente a confraria de pensadores fundada por Pitágoras (aproximadamente 570-495 a.C.). O pitagorismo mais antigo foi o meio no qual a filosofia pela primeira vez tornou-se uma maneira de viver tanto quanto uma disciplina de especulação intelectual.

Do nosso ponto de vista moderno, os pensadores pré-socráticos parecem mais cientistas que filósofos, e muitos de seus problemas seriam tratados hoje por ciências distintas como a física, a astronomia ou a meteorologia. Mas eles não seriam desalojados de sua posição tradicional como fundadores da filosofia grega em sua totalidade. Nesse estágio inicial ainda não havia uma distinção clara entre tipos diferentes de especulação intelectual. Vários pensadores desenvolveram os métodos de observação, de matemática e de discussão lógica na simples tarefa de atingir um entendimento abrangente da natureza essencial do universo. Se alguém procurar um rótulo para a atividade deles, "filosofia natural" será talvez o melhor. Os pré-socráticos demonstraram uma confiança marcante na força da razão humana para revelar a essência das coisas. O cerne de sua realização está em uma busca obstinada por explicações simples e abrangentes, e em seu desenvolvimento do conceito de uma ordem do mundo com uma configuração acessível ao espírito humano.

A contribuição de Sócrates (469-399 a.C.) imprimiu uma direção nova ao desenvolvimento do assunto. Ele se desinteressou das tentativas dos pensadores anteriores para explicarem o mundo natural, e começou a enfatizar a importância suprema daquilo que chamou de "competência em relação à natureza humana". Sócrates defendeu um exame crítico da maneira de viver de cada pessoa com vistas ao estabelecimento de uma escala de valores autêntica, baseada na razão e não na tradição. Sua influência sobre seus prosélitos, inclusive Platão (427-347 a.C.), foi tão forte que a partir dele as considerações éticas se tornaram e continuaram a ser a preocupação central de toda a filosofia grega posterior.

Platão e Aristóteles (384-322 a.C.) trouxeram contribuições substanciais ao desenvolvimento do pensamento ético e político, mas ambos também mantiveram o ímpeto da investigação científica servindo-se das atividades de ensino e pesquisa de suas respectivas escolas. A Academia de Platão foi particularmente notável por suas contribuições à matemática e à astronomia, e o Liceu de Aristóteles pelo progresso em zoologia e botânica. Também foram feitos avanços notáveis no desenvolvimento da filosofia no sentido mais estrito em que a palavra é geralmente usada agora. Esses avanços incluíram a descoberta de técnicas de dialética e lógica, a discussão acurada e penetrante da natureza do conhecimento e de como ele é atingido, e a elaboração de conceitos metafísicos.

A sistematização do pensamento talvez tenha sido a característica principal dos séculos subseqüentes a Sócrates. Platão e Aristóteles definiram o rumo mediante o desenvolvimento de currículos formais de instrução em suas escolas, e a inovação teve seqüência nas duradouras e influentes escolas do estoicismo e do epicurismo estabelecidas aproximadamente em 300 a.C. Essas duas escolas surgiram na época em que o mundo grego mais antigo das cidades-estados foi transformado pelas conquistas de Alexandre o Grande e pela anexação do império persa por ele obtida. Com a implantação do poder imperial grego no Egito, na Ásia Menor e na Síria, a influência grega propagou-se largamente através do Oriente Próximo. A Idade Helenística, como é chamada, prolongou-se por um período de aproximadamente três séculos, de 323 a 31 a.C. Os gregos eram então militar e culturalmente dominantes desde o Mediterrâneo oriental até o golfo Persa. O estudo da filosofia grega impregnou a área e no século II a.C. sua influência passou a ser sentida na direção do Ocidente até Roma, onde a ética estóica, em particular, conquistou um domínio poderoso entre as classes superiores de Roma.

O papel educacional e a predominância intelectual da filosofia grega não foram afetados pela expansão de Roma na direção do Leste e pela conquista romana das monarquias helenísticas. O platonismo e o aristotelismo continuaram a moldar a imagem da metafísica, e o estoicismo e o epicurismo foram influências poderosas na conduta da vida.

Se alguém não gostasse do dogmatismo das escolas maiores poderia tornar-se cético. O ceticismo foi uma escola menor mas filosoficamente significativa, que também surgiu no início do período helenístico. Os céticos colocaram em dúvida as certezas dogmáticas de seus rivais, recomendando a suspensão do julgamento como o único caminho prudente em um mundo incerto e impossível de ser conhecido. Eles tentaram principalmente solapar a confiança na evidência dos sentidos, propondo uma série bem concatenada de argumentos relativos à ilusão, muitos dos quais são ainda moeda corrente nas discussões modernas da percepção dos sentidos.

O filão idealístico do pensamento grego, derivado de Pitágoras e de Platão, começou a recuperar proeminência no século I d.C., e culminou finalmente na reafirmação eloqüente de valores mais altos que chamamos de neoplatonismo. O neoplatonismo foi uma síntese criativa das especulações anteriores acerca da natureza e do destino da alma imortal do homem e da realidade suprema do mundo invisível da forma imaterial e do espírito transcendente. Ele foi instituído como sistema por Plotino (204-270 d.C.) em Roma no meio do século III d.C. Plotino teve os olhos postos em Platão para inspirar-se, mas foi além dos diálogos platônicos em sua descrição do mundo divino do intelecto.

E assim a filosofia grega, que começou como uma tentativa de entender o mundo sem recorrer ao mito religioso, terminou como uma teologia racional que tentou definir detalhadamente a relação entre Deus, a alma e o mundo. De certo modo a roda do pensamento tornou-se um círculo perfeito. Em minha opinião, entretanto, seria um erro ver a filosofia como se ela se tivesse originado de uma oposição consciente à religião grega. A religião grega era fundamentalmente uma matéria mais de culto que de credo, e seu conteúdo intelectual nunca foi denso. Os vários deuses e deusas eram vistos como espíritos poderosos e caprichosos, capazes de ajudar e prontos a prejudicar a humanidade. A prudência normal recomendava que eles fossem propiciados com rituais tradicionais de prece e sacrifício. Os poetas fizeram algo para elevar o tom. A majestade de Zeus foi exaltada por Hesíodo e por Ésquilo, mas a literatura grega não-filosófica nunca atingiu a penetração dos autores do Antigo Testamento judaico. Na concepção popular, os deuses olímpicos permaneceram como se fossem uma família imprevisível de seres invisíveis exercendo um domínio arbitrário, longe de ser uma soberania moral sobre os mortais infelizes.

A filosofia grega nada ficou devendo ao politeísmo grego. Muito ao contrário, a consciência religiosa da Grécia foi realçada por seus filósofos. Esse processo é particularmente claro em Platão e Aristóteles. Platão quis aprimorar a religião, em vez de rejeitá-la, e para isso combinou a crítica rigorosa às histórias tradicionais sobre os deuses com uma apresentação racional da natureza divina como sendo totalmente honesta e benevolente em palavras e fatos. O feito extraordinário de Aristóteles em teologia foi deduzir uma visão elevada e monoteística da divindade a partir da natureza do mundo físico.

O tema da interação entre a crença religiosa e a filosofia é apenas um dos numerosos temas desenvolvidos subseqüentemente. Se o leitor está interessado em seguir o curso de um tema isolado em vez de estudar pensadores individuais, deve procurar ajuda no índice analítico desta obra. A história da filosofia grega é abrangente e complexa, e passo em seguida a apresentar um esboço conciso das fontes nas quais qualquer exposição deve basear-se.

NOTA SOBRE AS FONTES

O estudo da filosofia grega baseia-se em três tipos principais de fontes:

(1) TEXTOS COMPLETOS

Somente Platão, Aristóteles e Plotino podem ser lidos na íntegra. O pensamento de todos os outros filósofos importantes tem de ser reconstruído a partir das fontes (2) e (3).

(2) FRAGMENTOS (CITAÇÕES)

A maior parte dos textos filosóficos gregos conservou-se somente em fragmentos, termo coletivo para citações preservadas em escritores posteriores. Os fragmentos representam apenas uma porção muito pequena das obras originais, mas ganham em significação porque se destinam a ilustrar os aspectos mais importantes ou novos do pensamento de seus autores.

(A) FRAGMENTOS DO PERÍODO PRÉ-SOCRÁTICO (APROXIMADAMENTE 600-400 A.C.)

As fontes aqui se estendem de Platão no século IV a.C. até Simplício no século VI d.C. Simplício escreveu um comentário bem informado à *Física* de Aristóteles, ainda existente, que contém longas citações dos pré-socráticos. Sua ajuda é inestimável para a reconstrução do pensamento de Anaximandro, Parmênides, Anaxágoras e Zenão.

Em suas *Obras morais* Plutarco (século II d.C.) faz centenas de citações, e os escritores cristãos antigos Clemente de Alexandria (aproximadamente 150-215 d.C.) e Hipólito de Roma (aproximadamente 170-236 d.C.) são também fontes muito úteis.

Para orientação no sentido de achar estes e outros fragmentos, tanto em grego como em tradução, envio o leitor à seção Sugestões para Leitura Posterior.

(B) FRAGMENTOS DOS ESTÓICOS E EPICURISTAS

Os fundadores do estoicismo foram escritores férteis, mas de suas obras conservaram-se apenas fragmentos escassos. Epicuro também foi um autor prolífico — atribuem-se-lhe 300 rolos de papiro — mas estes, inclusive seus trinta e sete "livros" sobre a natureza do mundo, desapareceram em sua quase totalidade; somente uma pequena parte sobreviveu em alguns papiros de Herculano muito deteriorados. Quanto ao resto, temos três cartas doutrinárias escritas pelo próprio Epicuro (uma delas possivelmente apócrifa), duas coleções de máximas, e além disto apenas fragmentos.

(C) FRAGMENTOS (E ELUCIDAÇÕES) EM LATIM

Às vezes se encontram em escritores latinos trechos traduzidos de originais gregos. Também podemos recorrer a esses fragmentos para um quadro razoavelmente coerente do estoicismo, principalmente nas obras filosóficas de Cícero (106-43 a.C.; ele é uma fonte importante para todas as escolas helenísticas), e nos estóicos romanos Sêneca (5 a.C.-65 d.C.) e Marco Aurélio (121-180 d.C.). Lucrécio (aproximadamente 99-55 a.C.) nos dá uma apresentação impressionante do epicurismo em seu grande poema filosófico *De rerum natura.*

(3) A TRADIÇÃO DOXOGRÁFICA

(A) PARA OS PRÉ-SOCRÁTICOS

Um "doxógrafo" é um colecionador e um comentador de opiniões (*dôxai**) alheias, assim a "tradição doxográfica" abrange o que restou da antiga tentativa grega para reconstituir a história de sua própria filosofia.

* Todos os termos assinalados com um asterisco são definidos no Glossário (p. 166).

A tradição origina-se basicamente nas obras de Aristóteles e de sua escola. Aristóteles foi o primeiro filósofo a estudar sistematicamente seus predecessores, citando-os e criticando-os, e prefaciando freqüentemente seus tratados com uma exposição sumária da evolução do pensamento anterior em determinada esfera de estudo.

Em sua história geral do pensamento pré-socrático, Teofrasto (aproximadamente 372-286 a.C.), discípulo de Aristóteles, elaborou um trabalho mais abrangente em dezesseis (ou dezoito) livros, intitulado *Opiniões dos físicos*. Teofrasto valeu-se de um método analítico, expondo as várias opiniões sob títulos tais como os deuses, a alma, os corpos celestes, a terra e assim por diante. Ele também escreveu estudos especiais sobre as figuras mais importantes, das quais nenhum se conservou. O grosso da obra geral também se perdeu, com exceção da maior parte do último livro, que tratava da sensação, e alguns extratos importantes do primeiro livro sobre os princípios materiais, preservados por Simplício.

Lançou-se uma luz intensa sobre as muitas ramificações da tradição doxográfica graças à obra pioneira de H. Diels (1879), e estudos subseqüentes ajudaram a firmar nosso entendimento sobre sua complexidade. Os resultados desta pesquisa moderna estão bem expostos nas histórias gerais de Burnet e de Kirk, Raven e Schofield, aos quais remeto o leitor para maiores detalhes.

(B) PARA SÓCRATES, PLATÃO E OS FILÓSOFOS POSTERIORES

A manifestação posterior mais abrangente da tradição doxográfica aparece em uma obra conservada em dez livros intitulada *Vidas dos filósofos ilustres* de autoria de Diógenes Laércio (provavelmente escrita na primeira metade do século III d.C.). Diógenes trata das vidas e doutrinas de todos os grandes filósofos desde Tales até Epicuro, indicando como suas fontes mais de 200 autores e 300 obras. Diógenes não era um pensador perspicaz. Nietzsche chamou-o de "vigia de filosofia grega, guardando tesouros cujo valor desconhecia". Na melhor das hipóteses, ele foi um compilador diligente e sua obra é muito desigual em termos de qualidade, mas nosso conhecimento seria consideravelmente mais pobre se suas *Vidas* não se tivessem conservado.

Também existe uma importante coleção de escritos da autoria de Sexto Empírico (talvez por volta de 200 d.C.). Sexto era médico de profissão, um filósofo cético consumado, e um pensador muito mais perspicaz que Diógenes. Seus escritos se relacionam principalmente com a história do ceticismo, que data formalmente de Pírron no século IV a.C., mas contêm igualmente informações valiosas sobre outros sistemas filosóficos anteriores e posteriores.

1. NASCIMENTO DA FILOSOFIA NA JÔNIA

A REGIÃO chamada antigamente Jônia é uma das áreas mais belas e mais favorecidas pela natureza na superfície deste planeta. Ela cobria o que é atualmente a porção central da faixa litorânea ocidental da Turquia, estendendo-se do golfo de Smirna, ao norte, até o vale do rio Meandro ao sul, numa extensão total de cerca de 160 quilômetros. Com seus promontórios abruptos e grandes ilhas no mar aberto, a região proporciona uma mistura variada de montanhas e planícies, rica em pastagens e em terra cultivável, entremeada de pomares e bosques de oliveiras. O inverno é suave, com chuvas abundantes. Nascentes copiosas e longos rios perenes ajudam a manter a relva verde durante o calor do verão. Não há clima melhor em todo o mundo. Imagine-se um povo bem-dotado nesse ambiente, com o tempo necessário para adaptar-se, e a prosperidade era inevitável.

A colonização da Jônia pelos gregos data do colapso do mundo micênio aproximadamente no fim do século XII a.C. Refugiados vindos da Grécia continental começaram a dirigir-se para o leste através do mar Egeu em pequenos grupos, em busca de um novo lar na orla ocidental da Ásia Menor. Durante o curso dos poucos séculos seguintes, a região helenizou-se completamente, e no fim do século VII a.C. doze dos núcleos de colonos já tinham evoluído para cidades-estados prósperas e desenvolvidas, cada uma politicamente independente, mas todas cooperando em uma federação frouxamente interligada, conhecida como Confederação Jônia. Em sua maioria, os centros urbanos da Confederação eram portos marítimos movimentados, prontos para adotar novas idéias como a invenção recente do dinheiro cunhado por seus vizinhos orientais da Lídia. Eles também estavam na vanguarda do desenvolvimento do próprio sistema de cidade-estado.

Nada parecido com a *pólis* — uso um termo grego para uma criação tipicamente grega — tinha sido visto no mundo anteriormente. Em sua forma exterior, ela era o centro fortificado de um pequeno Estado independente, mas em espírito tratava-se de uma comunidade de cidadãos livres associando-se livremente sob uma constituição por eles mesmos idealizada. Os gregos perceberam que a liberdade política só poderia ser alcançada sob o domínio da lei, e o desenvolvimento da alfabetização grega a partir do século VIII a.C. lhes deu uma importante ferramenta nova para atingirem seu objetivo. Os "legisladores" foram figuras-chaves na evolução da *pólis* através de todo o mundo grego, e as leis por eles promulgadas foram publicadas em forma escrita acessível a todos os cidadãos. Os jônicos responderam prontamente a esses avanços. Já por volta de 650 a.C., o povo de Quios inscreveu sua constituição em um pilar de pedra (encontrado no sul da ilha em 1907). A frase mais significativa nela é "O Conselho do Povo", demonstrando que os quianos já estavam a alguma distância na estrada da democracia.

As cidades-estados da Jônia eram pequenas em face de nossos padrões, mas sua qualidade de vida era alta. Em termos de realizações artísticas, prática comercial e organização constitucional, elas estavam na vanguarda do progresso humano. Tinham tido a boa sorte de ter sido deixadas sós para se desenvolverem durante alguns séculos sem quaisquer ameaças sérias de um poder imperial estrangeiro. Sua posição nos limites orientais do mundo grego favorecia o comércio com o Levante, e também estimulava contatos com os povos não-gregos. O mais importante de tudo era o estado de espírito decorrente de sua história e situação. Eles eram colonos e por isso menos rotineiros por tradição. Tinham o lazer e a oportunidade para viajar e para satisfazer a curiosidade acerca do mundo. Eram homens livres, não-sujeitos a um rei ou a um sacerdote, e lhes parecia claro que sua prosperidade resultava em grande parte de seu próprio espírito empreendedor e de seus esforços. Tudo isso lhes deu confiança em si mesmos para olharem para a frente, pré-requisito decisivo para o progresso intelectual.

Em parte alguma a confluência de todos esses fatores foi mais intensa que na grande cidade portuária de Mileto. Fundadora de numerosas colônias, principalmente nas regiões ao norte do mar Negro, Mileto era um centro manufatureiro importante e também um empório de produtos da Anatólia e do mar Egeu. Suas naus mercantes alcançavam todo o Mediterrâneo e o mar Negro, e ela mantinha relações comerciais estreitas com o Egito. Foi em Mileto que nas primeiras décadas do século VI a.C. o pensamento sobre o mundo se esforçou por sair de seu casulo de mito e fábula e começou a experimentar suas asas no ar livre da especulação filosófica.

A escola milésia incluiu três grandes pensadores — Tales, Anaximandro e Anaximenes —, cujas vidas se estenderam pelo período de 625 a 525 aproximadamente. Eles não constituíram uma "escola" no sentido formal institucional que se tornou corrente mais tarde, mas o termo é aplicável a eles porque partilharam um interesse comum pelo mundo natural, e tentaram entendê-lo e explicá-lo de um modo racional. Todos nasceram na mesma cidade, e devem ter-se conhecido. A tradição doxográfica é unânime em afirmar que eles se "ouviram" uns aos outros, e portanto aprenderam presumivelmente uns dos outros em sucessão.

TALES

VIDA E ATIVIDADES

Tales tornou-se famoso em toda a Grécia como o principal representante dos "Sete Sábios", um grupo "canonizado" por sua sabedoria prática e qualidades de estadistas, e não de filósofos no sentido que damos à palavra. O grupo incluía homens conhecidos por terem exercido atividades políticas no século VI a.C., o que também era verdadeiro para Tales. Os cronologistas situaram o seu apogeu (o quadragésimo ano de vida) em 585 aproximadamente, e não estaremos muito errados se datarmos sua vida de 625 a 545 aproximadamente. Não se sabe claramente se deixou alguma coisa escrita, e, ainda que isso tenha ocorrido, não se conservou um único fragmento.

Na época de Tales, Mileto era um ponto de convergência do comércio mundial. Teria sido natural que um de seus principais cidadãos se interessasse pelo conhecimento do mundo não-grego, e há evidência de que isso realmente aconteceu. Aparentemente ele conheceu algo da astronomia babilônia e os métodos fenícios de navegação, e diz-se que realizou observações solares para determinar a extensão dos períodos entre o solstício e o equinócio. Diz-se também que calculou a altura das pirâmides no Egito valendo-se do recurso preciso de esperar o momento do dia em que sua própria sombra ficou igual à sua altura, e então mediu com os passos a sombra projetada pelos monumentos.

Este relato faz parte de uma tradição mais ampla segundo a qual Tales trouxe a geometria do Egito para a Grécia. Os sacerdotes e os escribas do antigo Egito demonstraram alguma proficiência em triangulação elementar numa época muito mais antiga que a de Tales, e puseram seu conhecimento em prática ao calcular os ângulos na construção das pirâmides, e no relevantamento topográfico para efeitos do lançamento de impostos, de campos que tinham sido alagados pelas cheias do Nilo. Essa perícia teria sido interessante para o espírito de investigação de visitantes gregos, e é perfeitamente possível que Tales tivesse sido o primeiro a adquirir e levar esse conhecimento para sua pátria. O passo subseqüente dos matemáticos gregos foi a incorporação desses conhecimentos egípcios ao sistema estruturado de proposições que chamamos de "geometria" (que por derivação significa "medição da terra"). Atribuía-se a Tales a criação desse processo graças à descoberta de alguns teoremas elementares — por exemplo, que um círculo é dividido por seu diâmetro, e que os ângulos na base de um triângulo isósceles são iguais. Entretanto, é mais provável que tais teoremas estivessem meramente implícitos em algumas das medições feitas por Tales, e que a prova explícita deles viria mais tarde.

Até aqui o retrato de Tales que emerge das fontes é o de um homem ativamente envolvido nas preocupações políticas e comerciais de sua cidade, e cujo espírito inquisitivo estava também intensamente engajado na tentativa de entender e dominar o ambiente em que vivia. Ele era tudo isso, mas deve ter sido algo mais que o credenciasse a ser considerado o fundador da filosofia.

O ECLIPSE

Seu feito isolado mais famoso foi a predição de que ocorreria um eclipse do sol durante um certo ano. A predição realizou-se e o evento foi lembrado especialmente porque o eclipse ocorreu no dia em que os lídios e os medos estavam frente a frente para engajar-se numa batalha. A data do eclipse foi determinada como sendo 28 de maio de 585 a.C., data marcante para a vida de Tales, e mais marcante ainda para a ciência. As pessoas que gostam de aniversários podem celebrar justamente esse como o dia do nascimento da filosofia natural.

Presumindo-se que a predição tenha sido feita (e ela está bem atestada), deve-se prosseguir para perguntar como Tales a fez. Mediante observações que se estenderam por muitos séculos, os babilônios tinham verificado que os eclipses do sol e da lua tendem a repetir-se após um ciclo de 223 meses lunares — o chamado ciclo de Saros. O ciclo estende-se precisamente por períodos de dezoito anos, e houve um eclipse do sol no Egito em 603, isto é, dezoito anos antes de 585. Se Tales viu o eclipse no Egito, ou ouviu falar dele, e conheceu o ciclo de Saros, pode facilmente ter concatenado os fatos, e arriscou sua predição. Dados dessa natureza podem somente indicar que *provavelmente haverá* um eclipse solar visível *em alguma parte* da superfície da Terra. Se Tales estava confiando em dados babilônios, sua sorte funcionou.

Mas o método de sua predição é menos significativo que a atitude mental revelada por ele. Com efeito, Tales estava depositando sua confiança na uniformidade da natureza, uma confiança indubitavelmente baseada em suas próprias observações astronômicas, tanto quanto nas de outras pessoas. Ele deve ter pensado que havia um padrão regular subjacente à ocorrência de eclipses, e deve ter aceitado que eles dependem dos movimentos ordenados dos corpos celestes, e não da caprichosa e imprevisível vontade de um deus. Esta foi uma mudança de atitude que marcou época. Menos de um século antes o poeta jônico Arquíloco havia reagido de maneira muito diferente depois de contemplar um eclipse solar: "Qualquer coisa pode acontecer: Zeus escureceu o céu ao meio-dia." À semelhança de Arquíloco, os medos e os lídios ficaram consternados com o eclipse de 585. Eles suspenderam um combate e fizeram a paz. Tales ultrapassou o estágio do terror supersticioso. Estava tentando entender o evento em termos de ciclos naturais.

A PRIMAZIA DA ÁGUA

A simples predição tê-lo-ia transformado numa figura memorável, mas Aristóteles o apontou como "fundador da filosofia natural" por uma razão diferente. Ele relata que Tales sustentava que todas as coisas se originam da água. Essa "suposição", segundo Aristóteles, significava que o *elemento* água é a *substância* a partir da qual todas as coisas do mundo se originaram e finalmente voltarão a ser. As coisas individuais passam a existir e deixam de existir, mas a água permanece. O próprio Tales não teria usado termos como "elemento" e "substância". Aristóteles está apresentando (e alguém poderia dizer distorcendo) a essência de seu pensamento em linguagem forjada pela indagação filosófica posterior.

Não sabemos exatamente como Tales exprimiu sua nova hipótese. Ele pode perfeitamente ter usado a palavra *arkhê** ("início" ou "fonte") para caracterizar a água. Mas, qualquer que tenha sido a linguagem, há uma inconfundível grandeza e novidade em torno da teoria. Tales deve ter pensado longa e laboriosamente acerca da água, e não é difícil ver a linha seguida por seu pensamento. Ele pensou na água como fonte de vida (o sêmen é fluido) e necessária à continuidade dela, na água solidificando-se em gelo e volatilizando-se em vapor, na água que cerca as massas de terra, na água descendo do céu e jorrando do solo. Finalmente, chegou à ousada generalização de que "Tudo é água".

Os mitos cosmogônicos do Egito e da Babilônia descreviam uma imensidade de águas existentes antes da emergência de qualquer terra firme. Uma noção similar sublinha a narração bíblica da Criação, segundo a qual "No início... a escuridão estava sobre a face da profundeza". Tales, como foi freqüentemente sugerido, pode ter tido conhecimento desses mitos, e pode ter tirado deles sugestões para seus pensamentos. Sua crença de que a estabilidade da terra se devia à sua flutuação sobre a água tem uma afinidade óbvia com a narração da Gênese de "águas sob o firmamento", e pode muito bem ter-se inspirado na mitologia do Oriente Próximo. Mas é digno de nota o fato de ele usar um conceito tipicamente grego de flutuação para explicar os terremotos; atribuía esses fenômenos ao deslocamento esporádico da terra sobre seu leito líquido à semelhança de uma nau em mar tempestuoso, uma indicação clara da tendência científica de seu espírito.

A originalidade de Tales consiste em livrar o princípio da primazia da água de todos os ornamentos mitológicos, e em usá-lo para proporcionar explicações para eventos naturais. Isso foi uma descoberta intelectual momentosa que marcou um avanço decisivo em comparação com todas as especulações registradas anteriormente acerca da origem e natureza do mundo. O caráter do avanço torna-se claro se compararmos a versão de Hesíodo desses assuntos em sua *Teogonia*, composta aproximadamente um século antes. O poema de Hesíodo é uma versão do nascimento dos deuses e está carregado de uma multidão de seres divinos, inclusive vastas e vagas figuras primordiais como Caos, Érebo e Noite. O pensamento do poeta está dominado por considerações de ordem teológica. Em contraste, Tales é reconhecível como um cientista, e seu pensamento tem uma consistência conceitual não encontrada nos mitos. Ele captou a noção essencial de que o mundo não é o produto de acasalamentos divinos, como Hesíodo proclamara, e sim uma entidade existente por si mesma com uma única "natureza" básica (*physis**), uma "natureza" aquosa que sustenta a vida das plantas e animais.

A FORÇA DA VIDA

Da mesma forma que Tales adotou uma visão generalizada da água, provavelmente adotou uma visão generalizada da "vida". Há certa evidência de que ele fez especulações sobre uma força vital presente em contextos não obviamente aquosos. Parece que se impressionou com a atração do ferro pela "pedra de Magnésia" — um ímã natural — e também com o poder de atração do âmbar. Certas observações o convenceram de que estas substâncias aparentemente inanimadas podiam produzir movimentos em outras coisas, e portanto — ele parece ter argüido — devem ser realmente vivas.

Essa linha de pensamento pode servir de pano de fundo para uma frase atribuída a ele: "Todas as coisas estão cheias de deuses." Nesta sentença Tales, em minha opinião, expressava uma visão "hilozoística" do mundo, ou seja, que toda a matéria (*hyle**) está impregnada de vida (*zoé* *). A vida inerente ao mundo natural, deve ter pensado ele, era vista em sua mobilidade perpétua e em seu poder sobre-humano de mudar e transformar-se. Para o espírito grego, a marca distintiva de um deus era a vida sem fim combinada com a atividade perpétua. Aos olhos de Tales o próprio mundo exibia essas características, e assim para ele era natural dizer que suas partes constituintes estavam "cheias de deuses". Seu "princípio aquoso" encaixava-se nitidamente em tais especulações porque a água é inerentemente móvel, da mesma forma que obviamente necessária à vida.

O mundo de Tales, então, assemelhava-se a um organismo vivo, perpetuamente gerado e nutrido pela água imaginada como um fluido vital, permeando e ativando todas as coisas. Este é o quadro que parece emergir dos fragmentos escassos e de segunda mão da obra do filósofo. Deve-se enfatizar que as interconexões detalhadas de seu sistema esboçado acima são em grande parte inferidas, e dependem muito da interpretação da enigmática sentença acerca da ubiqüidade dos deuses. Eu reiteraria que não se trata de uma afirmação teológica, e sim de uma vigorosa sentença proferida pelo primeiro *physikôs**, ou seja, o primeiro pensador a propor uma concepção abrangente da *physis* do mundo, baseada substancialmente em suas próprias observações e inferências. Aparentemente ele esboçou um esquema ousado e unificado do processo natural, um esquema concebido ao longo de linhas racionais, que marca merecidamente seu autor como um grande inovador na história do pensamento humano.

ANAXIMANDRO

VIDA E OBRA

Anaximandro, nascido em 610 a.C., era um contemporâneo mais jovem de Tales. As datas referentes a ele baseiam-se em um relato singularmente preciso segundo o qual Anaximandro tinha sessenta e quatro anos de idade em 546 a.C. e morreu pouco tempo depois. O ano de 546 foi a data de um momento decisivo na história do mundo, quando os persas sob o comando de Ciro capturaram Sárdis, na Lídia, e se deslocaram em direção ao oeste para subjugar a Jônia. Esses eventos assinalaram o fim da independência política da Jônia, mas também deram início a uma dispersão produtiva do gênio jônico, pois muitos jônicos recusaram-se a aceitar o jugo persa e foram para um exílio voluntário. O resultado foi que as sementes da filosofia dentro de pouco tempo se espalharam por todo o mundo grego.

À semelhança de Tales, Anaximandro desempenhou seu papel nas atividades práticas de Mileto, chefiando uma de suas numerosas aventuras colonizadoras. Mas ele nunca conseguiu obter a fama corrente de Tales como estadista. Seu forte foi uma extensa investigação intelectual, bem simbolizada pelo fato de dizerem dele com boas razões que foi "o primeiro homem a desenhar o mundo habitado num quadro". O mapamúndi de Anaximandro teria sido feito com base em informações coligidas por viajantes e marinheiros, retificadas e correlacionadas em Mileto.

Não há dúvida de que Anaximandro deixou seu sistema por escrito. Ele dedicou o espírito e a pena à tarefa de oferecer uma descrição racional do mundo, com o objetivo de abranger em sua obra desde os primórdios até o surgimento da raça humana na superfície da Terra. Naquela época distante, os autores não costumavam dar títulos às suas obras, e provavelmente Anaximandro começou seu trabalho apenas com uma frase do tipo: "Estas são as palavras de Anaximandro de Mileto." Mas o título posterior de *Sobre a natureza*, com o qual sua obra se divulgou, era apropriado. Os diversos resumos conservados de suas doutrinas indicam uma amplitude muito abrangente de interesses, indo desde a cosmogonia até a cosmologia, passando pela astronomia e pela meteorologia, até as origens da vida animal e humana. Um cientista moderno poderia perfeitamente objetar que ele não tinha nem os dados nem os instrumentos para tal empreendimento, mas essas restrições não conseguiram frear a inteligência especulativa de Anaximandro. Ele aplicou sua razão aos fatos como os via e surgiu com algumas hipóteses brilhantes que ainda excitam a admiração dos historiadores de idéias. Se Tales fundou a filosofia natural, Anaximandro pode ser visto como o criador da física teórica.

O *ÁPEIRON*

Em sua escolha de um princípio sobre o qual o mundo poderia ser construído, ele rejeitou o ponto de vista de Tales quanto à primazia da água. Ele regrediu em pensamento aquém das massas elementares de fogo, ar, terra e água, até chegar a algo *indeterminado* que descreveu com o termo grego *ápeiron**, cujo significado em geral é "ilimitado" ou "infinito". Não se tem certeza absoluta de como ele concebeu a natureza desse *ápeiron.* Anaximandro provavelmente o imaginou como "ilimitado" no sentido de não ter início nem fim no tempo, e pode também, embora com menos certeza, ter pensado nele como infinitamente contínuo no espaço. Aparentemente ele o descreveu como sendo o "envoltório" de nosso mundo, olhando-o, segundo parece, como um reservatório inexaurível para a substância do mundo visível. Então ele provavelmente o concebeu como uma orla indefinidamente extensa de matéria sem forma jazendo além dos corpos celestes perceptíveis.

Simplício afirma explicitamente que o *ápeiron* "não era nem água nem qualquer outro dos chamados elementos". Isso foi de certo modo tomado erradamente como significando que o *ápeiron* era realmente todos eles, mas sigo o ponto de vista da maioria de que ele não era realmente nenhum deles. A água de Tales era mesmo um líquido, mas o elemento básico de Anaximandro carecia de todas as qualidades determinadas, não sendo nem úmido nem seco, nem quente nem frio. Essa foi talvez a principal razão pela qual ele o pôs no primeiro lugar. Há evidências de ele ter argüido que se se tratasse de água, ou de outra matéria qualquer, ele seria primário e tão dominante que nenhum outro elemento poderia vir a ser. O *ápeiron* de Anaximandro estava conceitualmente próximo da definição posterior da matéria como "algo que não sabemos o que é". Mas ele deve ter contido potencialmente, e em solução, por assim dizer, as várias características dos elementos que iriam formar mais tarde a base do mundo como o conhecemos.

O TURBILHÃO CÓSMICO

Aparentemente Anaximandro concebeu o processo de formação do mundo como conseqüência de um movimento turbilhonar operando dentro do *ápeiron*. Seu pensamento nesse caso pode ter sido guiado pela observação do que acontece quando se forma um turbilhão na água ou no ar. Os materiais mais pesados no turbilhão tendem a mover-se para o centro, e os mais leves se depositam na periferia. Numa escala cósmica isso, para seu espírito, poderia explicar o fato de o centro de nosso mundo parecer ocupado pela massa pesada de terra, enquanto os elementos mais leves, tais como o fogo e o ar, moveram-se para fora na direção da periferia. Há razões para pensar que ele usou a expressão "separando-se para fora" com vistas a esse processo, que resultou na constituição dos quatro "opostos" maiores: quente, frio, úmido, seco. Seguindo Aristóteles, pensamos em "quente" e "frio" como qualidades ou propriedades de substâncias, mas essa caracterização era estranha à maneira milésia de pensar. Para Anaximandro, quente, frio, úmido e seco eram forças por si mesmas. Uma vez que os "opostos" eram separados do *ápeiron*, tinham uma tendência natural para atuar uns sobre os outros como forças hostis, uma tendência mais óbvia na incapacidade de o fogo coexistir com a água.

PROCESSO DO MUNDO E ORDEM DO MUNDO

Aparentemente Anaximandro deu uma explicação geral do processo do mundo como originando-se da tendência inerente aos "opostos" primários para dominar uns aos outros. Esse princípio teria ajudado a explicar a alternância anual das estações. No inverno, "frio" e "úmido" ganham uma ascendência temporária. No verão, o equilíbrio age a favor do "quente" e do "seco". Anaximandro pensou que na natureza das coisas nenhum "oposto" isolado consegue obter uma ascendência permanente, pois tal domínio destruiria o equilíbrio do universo. Sendo assim, o processo do mundo é auto-regulador, mantendo seu ritmo graças a oscilações alternadas na direção de um extremo ou outro. O processo continua sob o impulso do conflito incessante entre os "opostos".

Podemos ler a própria enunciação de Anaximandro desse princípio de um equilíbrio auto-regulador das coisas na única sentença que nos chegou de seu livro. Essa citação preciosa, o mais antigo fragmento conservado de filosofia-enquanto-ciência do Ocidente, tem o seguinte teor:

> As coisas outorgam a devida retribuição umas às outras por sua injustiça de acordo com o esquema feito pelo tempo.

Como observa Simplício, a expressão é "francamente poética". Isso decorre em parte do uso dos termos "retribuição" e "injustiça", que normalmente poderiam ser associados a litigantes humanos em vez de objetos inanimados, e em parte da ousada personificação do tempo. Mas o pensamento por trás da afirmação é bastante claro. Na metáfora de "injustiça", Anaximandro está exprimindo a idéia de um avanço indevido ou imposição de um elemento sobre o outro. Se se permitisse que tal avanço continuasse sem impedimento, o mundo poderia transformar-se todo em fogo ou todo em água. Mas isso não acontece porque há uma "justiça" inerente à natureza das coisas que refaz o equilíbrio após o transcurso de um certo período de tempo. Usamos frases como "o tempo cura", "o tempo renova", e a noção do poder restaurador do tempo devia desempenhar um papel importante no pensamento de Anaximandro quanto ao processo do mundo. Isso é evidente na significativa colocação da frase "o esquema feito pelo tempo" no fim da sentença. Toda a sentença expressa a fé de um físico de que os processos naturais de nosso mundo são governados por um mecanismo interno auto-regulador que mantém os opostos em luta, equilibrados mediante ajustamentos compensatórios após o decurso de períodos de tempo adequados.

A FORMA E A ESTABILIDADE DA TERRA

A concepção de Anaximandro sobre a forma da Terra representa um interessante estágio intermediário entre a idéia do disco chato primitivo e a idéia aprimorada de globo a que os pensadores gregos não chegaram até aproximadamente a geração seguinte ou ainda mais. Ele descreveu a Terra como um cilindro, comparando-a com o tambor de uma coluna, e estimando que sua profundidade era um terço de seu diâmetro.

Mas um avanço muito mais notável no pensamento a respeito da Terra foi sua rejeição da necessidade de prover um suporte para ela. Essa era, com efeito, outra crítica a Tales, que supunha que a Terra flutuasse na água. Outro resumo antigo da concepção de Anaximandro tem o seguinte teor:

> A Terra paira no ar [isto é, está livremente suspensa no ar em sua volta],

não sob qualquer compulsão de forças, mas permanecendo em sua posição por estar eqüidistante de tudo.

Podemos vislumbrar aqui o esboço de um argumento notável, de modo algum baseado na observação, mas fundamentado inteiramente em considerações teóricas. Aristóteles põe o nó dessa concepção no conceito de "similaridade". Provavelmente poderíamos usar o termo "equilíbrio". O argumento é que a Terra, estando situada centralmente, e estando uniformemente colocada em relação ao elemento que a envolve por todos os lados, não tem razão nem impulso para mover-se em uma direção em vez de outra. E como ela não pode mover-se simultaneamente em direções opostas, só lhe resta a opção de permanecer onde está.

As deficiências de nossas fontes levaram a muitas discussões sobre muitos aspectos do sistema de Anaximandro, mas, apesar das incertezas, ele ainda brilha através do nevoeiro da controvérsia como um colosso intelectual. Com coisa alguma exceto sua própria inteligência e as especulações de Tales para prosseguir, ele foi o pioneiro de uma explicação admiravelmente abrangente da natureza do mundo. Sua concepção de matéria foi ousadamente inovadora e ainda é influente. Sobretudo, sua visão da mudança natural como um processo equilibrado e auto-regulado pelo tempo e pela necessidade marcou uma ruptura radical com todas as concepções mitológicas anteriores do funcionamento do mundo. O sistema de Anaximandro e sua divulgação por escrito deram notícia, sem possibilidade de engano, de que a abordagem racional inaugurada por Tales passara a ser agora uma característica permanente do esforço intelectual do homem.

ANAXIMENES

VIDA E OBRA

Anaximenes completa a grande tríade milésia. A tradição antiga o apresenta como amigo e sucessor filosófico de Anaximandro, ou seja, seu discípulo. Não sobreviveram outros detalhes sobre sua vida pessoal. Calcula-se que seu nascimento ocorreu aproximadamente em 585 a.C. Se admitirmos que ele estava em seu apogeu na época da conquista persa em 546, Anaximenes viveu durante várias décadas numa Jônia inteiramente subjugada. Não sabemos quando ele morreu.

Diógenes Laércio informa que seu estilo era "direto e despojado", talvez em contraste deliberado com a linguagem "um tanto poética" de Anaximandro. Isso indica que algumas de suas obras sobreviveram pelo menos até o período helenístico, mas não chegaram até nós sequer os seus títulos. Somente uma sentença citada (provavelmente uma paráfrase) e algumas frases e palavras esparsas sobreviveram de suas obras.

SISTEMA DA NATUREZA: RAREFAÇÃO E CONDENSAÇÃO

Anaximenes foi chamado de "um pálido reflexo" de seu grande predecessor, e comparado com um "erudito convencional que preencheu uma cadeira vaga de professor". Esse julgamento parece duro demais. É verdade que sua visão do mundo se enquadra no padrão geral milésio, e que algumas de suas teorizações parecem cautelosas e mesmo retrógradas em comparação com Anaximandro. Mas sua contribuição à análise do processo físico e da transformação foi importante e de grande alcance.

Anaximenes aceitou que o mundo deveria ser explicado em termos de transformações da substância primária ou básica que deve ser infinita em extensão. Mas ele não aceitou a primazia do "indeterminado" imperceptível. Em vez disso, reverteu à atitude de Tales no sentido de que um dos quatro elementos deve ser primário, mas este, pensou ele, era o *Ar* em vez da Água.

A escolha do Ar como primeiro princípio capacitou-o a explicar a origem dos outros elementos principais de maneira muito mais clara e mais objetiva que a de Anaximandro. Propondo um novo princípio para explicar todas as transformações, ele sustentou que o ar se transforma em fogo por *rarefação*, e em água e terra por *condensação*.

Em sua condição originária, o ar, na opinião dele, tinha uma consistência uniforme e era invisível. Ele somente se tornava visível quando sua consistência era alterada mediante "espessamento" ou "rarefação". Com efeito, tais alterações eram transformações do ar em outras massas elementais de terra, água e fogo. Suas transformações nesses outros elementos eram (e são) causadas por um movimento perpétuo inerente à natureza do próprio ar, de tal maneira que de tempos em tempos há mais ou menos dele em qualquer lugar dado. A transformação em nuvens seguida de chuva pareceu a Anaximenes um exemplo claro do processo de *condensação* em decorrência do qual a água é produzida a partir do ar. Inversamente, ele teria notado a produção de vapor (= ar vaporoso) da água fervente como um exemplo de *rarefação*. Quando resfriada, ou seja, condensada, a água obviamente se congela, e, com aquele sentimento de coerência já notado como característico dos milésios, foi adiante para explicar a terra e as rochas como o produto final de condensações supervenientes do ar. Ele comparou o processo com a transformação de lã em feltro, uma comparação familiar baseada na observação da indústria de lã de sua cidade.

No outro extremo da escala, ele via o fogo como uma forma de ar extremamente "relaxada" (seu próprio termo) ou rarefeita. Qualidades como quente e frio eram causadas, em sua opinião, por *densidades* diferentes do ar. Para sua própria satisfação, ele confirmou esse ponto observando que o ar soprado pela boca aberta parece morno na mão, mas parece frio se soprado através dos lábios comprimidos. Aristóteles pôs em dúvida essa descoberta, argüindo que se tratava de duas massas diferentes de ar: a morna vinda de dentro de nós, e a fria originariamente fora de nós e impelida para fora pelo sopro na mão. Mas uma experiência imperfeita não invalida a asserção geral de Anaximenes. Ele estava tentando explicar diferenças de qualidade por meio de diferenças de quantidade, e isso é justamente considerado uma inovação fecunda no pensamento científico.

O ar de Anaximenes, à semelhança de *ápeiron*, era "perpétuo", e portanto merecedor do epíteto "divino". Ele provavelmente concebeu o ar não como um material inerte, mas como um "sopro de vida" sustentando o universo. Isso deve ser inferido da única sentença completa citada de sua obra (que infortunadamente contém alguns anacronismos e portanto deve ser mais uma paráfrase que uma citação literal).

> Da mesma forma que nossa alma, sendo ar, mantém nosso corpo unido, o sopro e o ar circundam todo o mundo.

A idéia de uma alma-sopro é antiga e muito difundida. A originalidade de Anaximenes está em apropriar-se dessa noção primitiva e dar-lhe uma aplicação cósmica. A reflexão a propósito da conexão entre o ar, o sopro e a vida foi provavelmente o estímulo para a adoção do ar como princípio primordial por Anaximenes. O ar como um princípio *vital* poderia plausivelmente ser dotado do poder de movimento, e por meio do movimento ele pôde transformar-se na vasta variedade de coisas que constituem o nosso mundo. Há notícias de que Anaximenes derivou os deuses do culto popular da mesma fonte aérea. Foi realmente um feito intelectual considerável explicar todos os objetos, quentes ou frios, úmidos ou secos, leves ou pesados, físicos ou psíquicos, mediante um conjunto de suposições muito modesto. Anaximenes foi um digno precursor de uma linhagem de físicos cujo sonho foi descobrir uma fórmula abrangente capaz de incluir todas as transformações do universo físico.

CONCLUSÃO GERAL

Por que esses avanços intelectuais marcantes ocorreram primeiro na Mileto jônica em vez de outras civilizações mais antigas do Oriente Próximo? Parte da resposta deve estar na organização da religião nas terras gregas e seu papel na vida grega. A Grécia em geral e a Jônia em particular eram notavelmente livres da dominação sacerdotal. Na Babilônia e no Egito, as castas sacerdotais ocupavam uma posição de comando na economia graças a extensas propriedades anexas aos templos. Os sacerdotes também exerciam grande poder político por meio de suas relações com a monarquia. Na Babilônia, por exemplo, o rei governava por direito divino, mas sua autoridade tinha de ser confirmada anualmente pelo sumo-sacerdote de Marduc. Em ambas as regiões, o conhecimento organizado em medicina, matemática e astronomia concentrava-se no recinto do templo, e portanto sob o controle sacerdotal. A indagação intelectual somente era possível dentro de uma estrutura teológica na qual se apoiava toda a ordem social. Em contraste, nas terras gregas, a mão da religião se fazia sentir com muito mais leveza sobre a sociedade. Os cidadãos respeitavam os deuses, mas não eram indevidamente subservientes a eles ou a seus ministros. Os cultos nos templos mantinham-se à margem da vida política, e não em seu centro. A indústria e o comércio estavam nas mãos dos leigos; a poesia não-religiosa florescia. Os homens eram livres para buscar o conhecimento onde pudessem encontrá-lo, e livres também para divulgar suas pesquisas sem necessidade de sujeitar-se a uma teologia tradicional.

Prováveis dívidas à astronomia babilônia e a técnicas egípcias de agrimensura foram mencionadas acima, e a grande prosperidade da Jônia também era um pressuposto para o crescimento da especulação independente. Mas, em última análise, o milagre do nascimento da filosofia natural não pode ser perfeitamente explicado em termos de influência externa ou de condições sociais. O mundo jônico parece ter sido excepcionalmente bem suprido de homens de gênio, e o gênio é para ser admirado e não explicado. Na Mileto do século VI a.C., três homens de gênio proeminente usaram seu talento criativo numa nova tarefa — a tarefa de dar uma explicação racional do mundo. Eles iniciaram a indagação científica e filosófica dirigindo seu espírito relativamente livre de preconceitos para o conhecimento da natureza como a viam, livrando-se tanto quanto possível de pressupostos derivados da mitologia tradicional. O resultado foi uma seqüência de generalizações inspiradas acerca da origem da natureza do universo material, com ênfase especial nos processos de transformações naturais. De nosso ponto de vista superior, podemos ver os erros reais em muitas de suas afirmações detalhadas, mas nada pode diminuir o mérito da iniciativa deles, e não é possível superestimar a importância do novo espírito que eles trouxeram para a indagação intelectual.

2. PITÁGORAS E A FILOSOFIA COMO MODO DE VIVER

PITÁGORAS é o nome mais famoso na filosofia pré-socrática, mas os problemas relacionados com as fontes de seu ensinamento tenderam a obscurecer a sua reputação. As incertezas quanto ao registro desse ensinamento foram enfrentadas com tanta seriedade por historiadores recentes da filosofia que eles passaram a relutar na atribuição de toda e qualquer originalidade filosófica a Pitágoras, mas isso, penso eu, leva o ceticismo longe demais. Uma personalidade dominante está por trás da lenda, e creio que havia também um espírito notável nele.

O primeiro problema é que não sobreviveu uma simples palavra de sua autoria, e não há sequer certeza de que tenha escrito qualquer coisa — os antigos, como os modernos, estavam divididos quanto a essa questão. O segundo problema é que um véu de segredo encobria a confraria fundada por Pitágoras, especialmente na fase inicial. Isso significa que temos de fazer conjecturas sobre as doutrinas — se elas existiram — transmitidas por ele aos seus primeiros membros. Penso, entretanto, que é possível realizar a tarefa de maneira razoavelmente controlada com base em algumas referências antigas e significativas feitas a ele por contemporâneos ou quase contemporâneos. O terceiro problema se refere a datas e à atribuição de descobertas científicas dentro da confraria pitagórica, e é complicado pela propensão reverente de seus adeptos a atribuir descobertas posteriores em matemática e astronomia ao fundador. O quarto problema decorre dos elementos hagiográficos na tradição tendente a obscurecer e rebaixar Pitágoras como pensador.

O sistema pitagórico emergente da totalidade de nossas fontes é uma mistura estranha de dogmas religiosos e especulação matemática. A maior parte do elemento religioso é arcaica, e sua formulação original provavelmente deve muito ao próprio Pitágoras. O nó do problema é determinar quais são os elementos (se houver) do lado científico que datam do fundador, e quais os devidos a membros posteriores. Mas primeiro vou traçar um esboço da vida de Pitágoras, que é razoavelmente bem documentada e forma um todo fidedigno e coerente.

VIDA DE PITÁGORAS

Pitágoras nasceu na ilha de Samos. Até aí há certeza, e o fato é significativo. Ele nasceu aproximadamente em 570 a.C. e viveu durante a primeira metade de sua vida na que era então uma das mais poderosas e progressistas cidades-estados da Liga Jônica. No século VI artistas e engenheiros sâmios eram famosos pela ousadia de sua habilidade e engenhosidade, e uma cidade tecnologicamente avançada alimentou o gênio de Pitágoras.

Samos está situada nas proximidades de Mileto, e Pitágoras deve ter tido conhecimento dos novos desenvolvimentos na cosmologia milésia. Sua curiosidade pode perfeitamente tê-lo impelido a ouvir Anaximandro ou Anaximenes. Heráclito, o filósofo nascido em Éfeso, disse que ele era um inquiridor assíduo e que "fez resumos de tratados", o que naquele período deve significar as mais recentes obras jônicas em prosa.

O período de pesquisa em Samos chegou ao fim por causa da aversão de Pitágoras pelo regime do tirano Policrates, um aventureiro muito bem-sucedido e absolutamente inescrupuloso que conquistou o poder na ilha por volta de 538. Aparentemente Pitágoras conviveu com seu governo durante alguns anos antes de tomar a decisão de viajar para um exílio voluntário. Dizia-se que ele tinha cerca de quarenta anos de idade quando emigrou para Crotona, no sul da Itália. Essa mudança deve ter ocorrido em 530 aproximadamente.

Crotona era famosa por seus atletas e médicos, e um destes, o famoso Democedes, que visitara Samos, pode ter recomendado a cidade do sul da Itália como um lugar conveniente para o filósofo instalar-se. Pitágoras causou logo um grande impacto em sua cidade adotiva, que recobrava o moral depois de uma derrota infligida pela vizinha Lócris, e impressionou jovens e velhos igualmente com seus conhecimentos e eloqüência. Foi-lhe confiada a tarefa de estruturar uma nova constituição, considerada "aristocrática" no bom sentido por assegurar o "governo dos melhores". Não muito tempo depois, Pitágoras e seus adeptos detinham um completo domínio político, tendo instituído o equivalente a um antigo "domínio dos santos".

As novas condições predominantes em Crotona são documentadas de maneira interessante em seu primeiro lançamento de uma moeda de prata, que data desse período. As moedas eram belas em sua concepção, e de um tipo incomum de cunhagem, e o lançamento pode ser atribuído com bastante probabilidade à iniciativa de Pitágoras, cujo pai era um exímio gravador de jóias.

Mas Pitágoras trouxe muito mais para Crotona que experiência política jônica e maestria artística sâmia. A confraria por ele fundada tornou-se o primeiro foco de filosofia no mundo das colônias gregas ocidentais. Até então a Jônia tinha sido o único centro de progresso intelectual, mas naquela ocasião um talentoso emigrado jônico tinha chegado para plantar as sementes da filosofia no solo fértil da Itália grega. O objetivo dessa filosofia era proporcionar a seus adeptos tanto uma regra de vida como uma explicação do mundo. Sua influência estendeu-se rapidamente a outras cidades na região, onde logo se estabeleceram "células" de pitagóricos, e a confraria continuou e prosperar por muito tempo após a morte de Pitágoras, ocorrida aproximadamente em 495.

ORIGENS E CARÁTER DO MODO DE VIVER PITAGÓRICO

Um modo de viver tipicamente *grego,* que distinguiu o heleno do "bárbaro", já tinha tomado forma fixa na época do nascimento de Pitágoras. No âmago desse modo grego estava o ensino de "música" e "ginástica" aos meninos e jovens. Os gregos foram a primeira nação a fazer do exercício físico uma parte séria e sistemática da educação, e a cultura do "ginásio" é um de seus maiores legados à humanidade. Independentemente de sua influência geral na vida grega, o atletismo também desempenhou um papel importante ao estimular o desenvolvimento de uma forma mais científica de medicina. A "competência" dos treinadores e instrutores em matérias como a dieta, a massagem e o tratamento de entorses e deslocamentos foi assimilada proveitosamente pelos médicos da época. O outro pilar "gêmeo" dessa educação grega antiga era a "música", que significava um aprendizado prático para tocar instrumentos de corda e cantar em solo ou coros. Na época em que cada jovem grego (ao menos da classe mais alta), deixava a escola, ele podia dedilhar uma melodia na lira, e tinha decorado muita poesia representativa das tradições religiosas e culturais de seu povo.

Pitágoras insistiu nos pontos principais desse sistema, usando-o como um alicerce sobre o qual erigiria seu gênero de educação mais avançado e "filosófico" para adultos selecionados. Nas palavras de uma boa autoridade antiga, seu método envolvia "medicina para purificar o corpo e música para purificar a alma". Quanto a assuntos médicos, dizia-se que

Pitágoras e seus adeptos dedicavam uma atenção especial à dieta e à compatibilidade dos vários tipos de alimento e bebida, e preferiam medicamentos para uso externo, tais como emplastros, em substituição a remédios. Os pitagóricos também desenvolveram uma espécie de treinamento mental que punha muita ênfase em exercícios para desenvolver a memória, por exemplo relembrar ordenadamente a cada manhã tudo o que havia sido dito ou feito no dia anterior. Pitágoras era famoso por sua memória que, pretendia ele, recuava até os detalhes de suas encarnações anteriores. Todo o sistema era "ascético" na acepção grega, sendo o termo derivado do treinamento sistemático (*áskesis**) praticado pelos atletas.

Sente-se que a influência duradoura de Pitágoras deve ter-se derivado de suas qualidades inspiradoras como professor. Tendo elaborado uma regra de vida disciplinada para si mesmo, ele reuniu um grupo de discípulos em sua volta, e os inspirou a emularem seu exemplo. Platão dizia que ele tinha sido "muito amado" como educador por seus companheiros. A amizade e o senso de comunidade eram cultivados ativamente mediante injunções de caráter religioso e instrução com o objetivo de proporcionar aos seguidores uma compreensão real quanto à natureza harmoniosa do universo. Ele ensinava-lhes que o mundo, à semelhança de uma sociedade humana, mantinha-se coeso graças ao arranjo ordenado de suas partes, e tornava-se então seu dever evidente cultivar a ordem em suas próprias vidas. Dizia-se que, sendo fiel a esse modo de instrução, Pitágoras foi a primeira pessoa a chamar-se "amante da sabedoria" (*philôsophos**), expressão mais modesta que "sábio" (*sophôs**). Ele defendeu a busca do conhecimento em vez de ter a pretensão de atingi-lo. "Filosofia" era uma palavra nova muito adequada para caracterizar o auto-aperfeiçoamento e a indagação intelectual como um modo de viver.

CONTEÚDO RELIGIOSO DO PITAGORISMO ANTIGO

O poeta-filósofo jônico Xenófanes, que viveu exatamente na mesma época de Pitágoras, deve ter encontrado e conhecido muitos pitagóricos no curso de suas viagens pela Grécia ocidental. Em um de seus poemas elegíacos, ele traçou um retrato de certo modo irônico de Pitágoras nos seguintes termos:

> Certa vez ele caminhava quando viu um homem batendo num cão, e dizem que teve pena do animal e falou: "Parem de bater nele! Na

realidade, ele tem a alma de um amigo meu. Reconheci-o quando ouvi a sua voz."

Essa é talvez a referência mais antiga a Pitágoras, e por trás do sarcasmo ela contém a informação valiosa, que é confirmada reiteradamente por testemunhos posteriores, de que Pitágoras acreditava na transmigração de almas humanas para corpos de animais.

A doutrina da transmigração (também chamada "reencarnação" e "metempsicose") aparece aqui pela primeira vez na literatura grega subsistente. Numerosas conseqüências importantes decorrem dessa crença. Primeiro, ela é um meio pitoresco de enfatizar a unidade essencial e o parentesco de todas as formas de vida, um dogma central do pitagorismo. Segundo, ela tem implicações importantes para a conduta, principalmente a proibição de matar e comer animais. Terceiro, como conseqüência, a alma sobrevive à morte do corpo, e Pitágoras acreditava convictamente na imortalidade dela em um sentido muito mais positivo que o retratado por Homero na nebulosa sobrevivência das "almas" (= fantasmas). E finalmente a historieta sugere que a baixa condição resultante da encarnação de seu amigo em forma canina era um castigo por faltas cometidas numa vida anterior.

Pode-se supor razoavelmente que tudo isto tenha sido parte do ensinamento de Pitágoras. E podemos prosseguir para inferir que ele insistiu na necessidade de aperfeiçoarmos a vida se quisermos evitar uma degradação para a forma animal. É aqui que a noção pitagórica de purificação aparece nitidamente. A doutrina da reencarnação significa uma divisão bem definida entre alma e corpo, na qual o corpo é considerado como nada mais que um receptáculo impuro e temporário para um ser dotado de destino imortal. O objetivo final da conduta humana pode então ser apresentado como a purificação da alma mediante a abstinência de prazeres corporais e pela contemplação das realidades celestiais. O lema do modo de viver pitagórico era "Segue Deus". Graças a esses meios, a alma se livraria da "roda do vir-a-ser" e perceberia sua verdadeira condição divina. Qualquer pessoa familiarizada com o pensamento hindu notará muitas similaridades, e é um fato significativo que Pitágoras e Sidarta Gautama, o Buda, tenham vivido quase exatamente na mesma época. Mas a possibilidade de quaisquer influências de um sistema sobre o outro parece extremamente remota.

Há muitas evidências de que os pitagóricos eram obrigados a abster-se de carne. Sua vida era também esclarecida e circunscrita a um conjunto singular de aforismos incisivos, conhecidos como "coisas ouvidas" (*akoúsmata**). Presumivelmente os discípulos no princípio ouviam esses aforismos de seu guru Pitágoras, e mais tarde os assimilaram e os puseram em prática em sinal de respeito a seu status superior e à sua sapiência.

Não é desarrazoado supor que devoção e ciência se uniam no caráter do próprio Pitágoras. Afinal de contas, Isaac Newton dedicou muito tempo e esforço à cronologia bíblica. A influência de Pitágoras e sua bem-sucedida pretensão a um status superior devem em última instância, penso eu, ter-se baseado na possessão de talento e perspicácia superiores. As lendas que vieram acumular-se a respeito dele indicam, no mínimo, talento para o espetacular, mas isso não é inconsistente com a capacidade legítima. É fácil ser cínico a respeito dele, como Heráclito foi, e pô-lo de lado como charlatão, mas o próprio Heráclito admitia que ele tinha "muita erudição", e Heródoto, o grande historiador do século V a.C., escreveu em sua *História* que "ele não era o mais fraco dos sábios". Temos de considerar seriamente a possibilidade de que, da mesma forma que foi um inovador religioso e educacional, ele pode também ter sido um matemático genial.

A DESCOBERTA A PROPÓSITO DA ESCALA MUSICAL ATRIBUÍDA A PITÁGORAS

Há menções à posição destacada da lira na educação dos antigos gregos. Ela era um instrumento de sete cordas no qual quatro das cordas eram afinadas a intervalos fixos. As duas cordas extremas eram chamadas "alta" e "baixa" e separadas por uma *oitava*. A corda "média" era afinada para uma *quarta* acima da mais baixa (e portanto uma *quinta* abaixo da mais alta). A seguinte a esta era afinada para um tom mais alto (então ela também permanecia numa relação *quarta/quinta* quanto às cordas extremas). A afinação das três cordas restantes variava de acordo com o tipo de escala desejado. Sendo assim, a música grega fundamentava-se em três intervalos primários, que os gregos chamavam de "concordes".

Atribuía-se a Pitágoras a descoberta notável de que essa estrutura melódica básica podia ser expressada, em termos puramente numéricos, usando os primeiros quatro números inteiros. A oitava era representada pela razão 1:2, a quinta por 2:3 e a quarta por 3:4. Essas razões comparam-se basicamente com as razões da vibração das duas cordas responsáveis pelo intervalo em questão. Não é certo, entretanto, se Pitágoras conheceu esses detalhes, e ainda que os conhecesse, ele não poderia ter medido as razões comparando pesos ou tensões como algumas fontes posteriores afirmam que fez. Como, então, chegou a essa descoberta? Provavelmente experimentou com o *kánon*, instrumento de uma corda com uma ponte móvel (cuja invenção a tradição lhe atribui). Admitindo-se que a tensão da corda seja constante, notas diferentes são produzidas mediante uma parada a intervalos diferentes, e é fácil ver, experimentando, que se a corda é parada somente na metade de sua extensão e então tocada novamente, ela produz uma nota uma oitava mais alta. A quinta (na oitava alta) pode ser produzida mediante a parada da corda a um terço de sua extensão, a quarta mediante sua parada a um quarto. À semelhança de várias grandes descobertas, essa ocorreu de maneira muito simples, e com seu espírito vivaz e suas mãos treinadas Pitágoras pode ter sido perfeitamente o autor do feito.

A descoberta é muito agradável para o espírito humano. Ela tem a bela claridade e simplicidade da lei da gravidade ou da tábua periódica dos elementos. Ela reforça a crença de que o mundo é fundamentalmente um *kósmos**, um lugar bem ordenado cuja estrutura pode ser dominada pela inteligência humana. A tradição doxográfica sustentava que Pitágoras foi o primeiro a usar o termo "cosmos" para o mundo como um todo, e não seria surpreendente que ele tivesse sido encorajado para esse feito por suas descobertas harmônicas. Levando em conta os laços entre a educação musical grega e o pitagorismo mais antigo, é fácil ver como suas pesquisas assumiram uma importância marcante para a nova escola. Os músicos continuaram a afinar seus instrumentos de ouvido, mas naquela ocasião Pitágoras foi capaz de explicar toda a base da arte deles de uma maneira matemática simples. Eles tinham a destreza, mas o filósofo *entendia* o que estavam fazendo. Eles apreciavam a qualidade dos sons, mas ele conhecia as razões quantitativas em que se baseavam. Esse feito lhe deu uma alta percepção filosófica em relação àquilo que ele sem dúvida considerava como sendo a verdadeira natureza dos sons musicais. Os sons poderiam ser razoavelmente considerados como o resultado ordenado da imposição do fator *limitativo* do número à continuidade *ilimitada* (e portanto desordenada) da corda vibrante.

O DESENVOLVIMENTO PITAGÓRICO DA MATEMÁTICA

O resumo de Aristóteles no primeiro livro da *Metafísica* é uma fonte fundamental. As opiniões são atribuídas geralmente "aos chamados pitagóricos", e provavelmente representam um amálgama de doutrinas ao longo de várias gerações dentro da confraria.

Seu primeiro tópico é que os pitagóricos foram os primeiros a desenvolver o estudo da matemática. Ele diz que, "sendo instruídos nesses estudos, eles achavam que os princípios da matemática eram os princípios de todas as coisas". Essa atitude pode perfeitamente ter-se originado com Pitágoras e seus seguidores, pois é fácil imaginar a descoberta relativa à harmonia como uma chave de ouro para revelar os segredos de toda a natureza. A formulação aritmética dos principais intervalos musicais foi tão fundamental em seu âmbito quanto a descoberta de que a água é H_2O.

Estimulados por seu progresso em matemática, os pitagóricos, continua Aristóteles, saltaram para a conclusão capital de que "os elementos do número são os elementos de todas as coisas". Por "elementos do número" eles queriam dizer "ímpar" e "par", já que todos os números inteiros são ímpares ou pares, e eles equipararam a imparidade a "limite" e a paridade a "ilimitado". Para alguns membros da escola, esses dois princípios de limite (imparidade) e de ilimitado (paridade) eram um ponto de partida suficiente para a explicação e mesmo a geração de todo o universo.

O TEOREMA DE PITÁGORAS

Os pitagóricos costumavam representar os números em forma espacial usando pontos dispostos em padrões regulares (como ainda fazemos com os dados e as pedras de dominó). Várias séries de números ímpares e pares eram dispostas em forma triangular, oblonga e quadrada (daí a origem da expressão "raiz quadrada"). Admitindo que Pitágoras conheceu os avanços em geometria atribuídos a Tales (veja-se a página 19), investigações subseqüentes das propriedades dos números "triangulares" e "quadrados" poderiam tê-lo levado a formular e provar o famoso teorema relativo ao quadrado na hipotenusa de um triângulo retângulo, atribuído pela tradição a ele. Que esse quadrado é igual à soma dos quadrados dos outros dois lados é com certeza verdadeiro quanto a todos os triângulos retângulos, mas uma perfeição especial está ligada ao triângulo no qual o comprimento dos lados esteja na proporção 3:4:5. Dadas três linhas com estes comprimentos, o triângulo resultante tem de ter ângulos retos, e esse fato era conhecido havia muito tempo e usado por agrimensores no Egito. O decifrar contínuo de plaquetas cuneiformes babilônias mostrou que o teorema era conhecido pelos matemáticos caldeus muitos séculos antes de Pitágoras. Não é mais possível afirmar que se tratava de uma descoberta sua original, mas ele deve ter provado o fato de uma maneira nova, integrando-o na estrutura de sua geometria aritmética.

ASTRONOMIA PITAGÓRICA

O caráter matemático e apriorístico do pensamento pitagórico parece ter tido um efeito liberador sobre o espírito de seus adeptos, estimulando uma abordagem ousada e imaginativa dos problemas astronômicos. Em algumas fontes, está dito que Pitágoras foi o primeiro a afirmar que a Terra é uma esfera. Adeptos posteriores da escola romperam não somente com as teorias da Terra achatada dos jônicos, mas também com o ponto de vista de que a Terra constitui o centro imóvel do cosmo. Hicetas de Siracusa (talvez em sua plenitude aproximadamente em 500 a.C.) sugeriu que a Terra girava velozmente em torno de seu próprio eixo, produzindo assim a ilusão de movimento dos corpos celestes. Uma hipótese ainda mais ousada foi levantada por outros adeptos da escola. Essa teoria deslocou nosso planeta do centro do universo e sustentou que ele, em companhia do sol e de outros corpos celestes, girava um torno de um "fogo central".

Especulações a propósito do movimento da Terra nunca foram geralmente aceitas no mundo antigo, mas também não foram completamente esquecidas, e um registro delas era conhecido por Copérnico. Ele se refere a elas no prefácio ao seu trabalho memorável sobre as revoluções dos corpos celestes, e diz que elas lhe deram coragem para insistir na hipótese, "embora parecesse absurdo", que a própria Terra estivesse em movimento. Dificilmente pode haver um tributo mais efetivo à influência duradoura de Pitágoras e de sua escola.

CONCLUSÃO

Em contraste com a preocupação milésia em relação a elementos, os pitagóricos deram ênfase à *forma* como o fator crucial na constituição das coisas. Eles reverenciavam a matemática como a chave para o conhecimento. Ambos os pontos foram fecundos e centrais no desenvolvimento posterior da metafísica platônica, e Platão foi também o herdeiro espiritual de Pitágoras em sua doutrina da alma e em sua exaltação da filosofia a ponto de colocá-la em uma posição central importante na vida e na política humanas.

3. *HERÁCLITO, PROFETA E SÁBIO*

HERÁCLITO nasceu e viveu durante toda a sua vida na rica cidade-estado comercial de Éfeso. Os antigos situam sua plenitude na 69ª Olimpíada (504-501 a.C.), o que pressupõe um período de vida de 540 a 480 aproximadamente. As datas relativas a ele são compatíveis com seus ataques polêmicos a Pitágoras e Xenófanes, que estiveram em atividade na segunda metade do século VI a.C. De 546 em diante, Éfeso passou a fazer parte do império persa, e assim Heráclito, o menos subserviente dos filósofos, viveu e morreu como um súdito persa.

Suas obras estão impregnadas de um tom de arrogância, sem dúvida resultante tanto de sua linhagem aristocrática quanto de sua superioridade intelectual. Ele descendia do fundador real de Éfeso e era detentor de uma "realeza" hereditária, que na prática significava responsabilidade para deveres sacerdotais, mas Heráclito abdicou em favor de seu irmão. Não estava em sua natureza ser conformista em matéria religiosa, e ele acentuava que "dirigir preces a uma estátua é como conversar com uma casa".

Heráclito não era democrata. Suas palavras "a anarquia deve ser extinta mais depressa que o fogo" têm um tom senhoril. Mas ele não era tampouco um tirano. Alguns de seus ditos mais memoráveis se relacionam com a importância do império da lei. Ele acreditava que todas as leis humanas eram "nutridas" por uma lei divina, e que, em conseqüência, "o povo devia defender suas leis como se se tratasse das muralhas da cidade".

Atribuía-se a Heráclito no mínimo um "livro", que, segundo se dizia, ele depositou no templo de Ártemis efésia. O livro pode ter sido mais uma coleção de aforismos que um tratado contínuo. Há indicações de que a obra foi sempre uma raridade, e a princípio pode ter havido apenas um exemplar. Naqueles dias iniciais da filosofia, os livros estavam longe de ser prontamente disponíveis. Não havia editoras, nem livrarias, nem bibliotecas. Heráclito nos diz que ouvia leituras de outros filósofos, e provavelmente preferia transmitir sua própria filosofia oralmente. Ter consagrado sua obra ao templo pode ter sido feito para salientar a inspiração de sua mensagem.

A coleção do que resta de sua obra compreende cerca de 125 fragmentos, contando ou tirando uns poucos cuja autenticidade no todo ou em parte é discutida. Em sua maior parte são curtos, incisivos e dignos de nota, e não poucos entre eles são especialmente obscuros. Até certo ponto a obscuridade era proposital. Antigamente Heráclito era apelidado de "Obscuro", e é óbvio que gostava de obscuridades e as considerava um artifício para transmitir a natureza paradoxal da verdade das coisas. Mas é possível que tenha havido um excesso de ênfase quanto a essa obscuridade. De um modo geral, penso eu, ele tende a expressar-se de maneira imaginosa ou alegórica em vez de obscura. A força e a qualidade artística de seu estilo são notáveis, e foi freqüentemente chamado e com razão de "oracular".

A discussão do estilo de Heráclito descamba facilmente para a exposição de seu pensamento. Sua maneira alegórica relaciona-se com sua crença de que a verdade é mais oculta que óbvia. Queria revelar a verdadeira natureza do mundo, mas, como ele mesmo dizia, "a natureza gosta de ocultar-se". Daí seu recurso freqüente a analogias despretensiosas cujo objetivo, à semelhança das parábolas, era ajudar os ouvintes a penetrar nos recessos recônditos da realidade. É um lugar-comum chamá-lo de profeta, e podemos comparar seu mandamento "Não ouça a minha pessoa, mas o que eu digo" com a fórmula do Antigo Testamento: "Ouça a palavra do Senhor."

A fonte de sua inspiração era seu próprio entendimento. "Andei procurando por mim mesmo" é um dos seus fragmentos mais revelador. Ele caracterizava seu método como sendo muito diferente daquele dos milésios, que olhavam para fora em busca da natureza. Heráclito olhava para seu próprio espírito e parece ter encontrado a chave do enigma do universo nas profundezas e complexidades ocultas da psique (*psykhé**).

O *LÓGOS* DE HERÁCLITO

No início de seu livro, ele contrapunha a veracidade de sua mensagem à incapacidade da maioria das pessoas de compreendê-la. As sentenças iniciais têm o seguinte teor:

> Esta minha explicação é e sempre será uma explicação verdadeira, mas os homens são sempre incapazes de entendê-la, seja antes deles a

ouvirem, seja depois de a ouvirem pela primeira vez. Tudo acontece de acordo com essa explicação, mas os homens parecem noviços inexperientes quando põem à prova as palavras e os fatos como os exponho, pois defino cada coisa de acordo com sua natureza e proclamo como ela é.

A palavra grega para "explicação" é *lógos**, uma palavra cambiante que mais tarde adquiriu significações mais específicas tais como "princípio geral" (em filosofia), "proporção" (em matemática) e "razão divina" (em teologia). Arriscamo-nos a cometer anacronismos ao introduzir tais significados no presente trecho, e em minha tradução mantive a significação básica da palavra no grego corrente na época, ou seja, "afirmação" ou "explicação".

O *lógos* é o que Heráclito tem a dizer, mas não é exatamente uma afirmação pessoal (que estaria exposta à sua condenação da opinião pessoal), e sim uma explicação ponderada e objetiva da natureza das coisas — a "história real", como dizemos. Ela tem valor explanatório, como se pode ver claramente na segunda sentença. Heráclito confia na aceitação de sua explicação desde que ela seja entendida. Ele diz em outro lugar que "o pensamento é comum a todas as pessoas", e insiste em que o discurso inteligente, como um reflexo do pensamento, é também comum a todos, e se mostraria tão aceitável a todos os seres racionais quanto a lei comum a todos os habitantes da cidade.

Isso é o bastante quanto ao início do livro. Passo em seguida a examinar o paradoxo que geralmente se supunha que incorporava seu ponto de vista filosófico principal, a doutrina da identidade dos "opostos".

A DOUTRINA DOS OPOSTOS

Heráclito rejeitou a validade indiscutível de distinções tais como dia/noite, inverno/verão, alto/baixo, guerra/paz, vida/morte. Esses e outros chamados opostos, pensava ele, devem ser considerados conjuntamente já que nenhum deles pode existir sem o outro. Sua coexistência como parte do mesmo contínuo é a verdade fundamental a propósito deles. Cada par é basicamente um, não dois, e cada termo passa a ser significativo somente à luz do outro. "É a doença que torna a saúde agradável e boa..." Parte de sua significação é que a diferença entre "opostos" é relativa ao sujeito que os experimenta, como no caso da água do mar que é "saudável e potável para os peixes, mas imbebível e destrutiva para o homem". Ele também insiste em que realmente a água do mar é ao mesmo tempo "muito pura e muito impura". Aristóteles cita uma afirmação importante de caráter geral a respeito deste tema que, segundo a sugestão de alguns comentadores, pode ter sido a conclusão de todo o livro: "Conjunções são todos e não-todos, separando-se convergentemente, harmoniosamente discordantes, uma de todas e todas de uma."

As afirmações acima citadas tornam-se de certo modo mas inteligíveis graças a dois outros fragmentos importantes. O primeiro contém sua famosa comparação da realidade com um arco ou uma lira:

> As pessoas não compreendem como, ao ser puxado para separar-se, ele chega a concordar consigo mesmo. A harmonia resulta de um recuo como o da corda do arco e a da lira.

O arco e a lira são objetos complexos, cuja estabilidade e eficiência dependem da manutenção das tensões opostas estabelecidas entre as cordas e a estrutura. Se uma corda se rompe ficamos perfeitamente esclarecidos sobre essas tensões ocultas, mas altamente importantes.

O segundo fragmento diz: "A estrutura oculta é mais forte que a estrutura visível."

No segundo fragmento, a palavra traduzida por "estrutura" (*harmonia**) é a mesma que a traduzida por "harmonia" no primeiro. Ele transmite a noção de que qualquer estrutura digna de menção, seja na sociedade, seja no mundo da natureza, é o produto de um conflito ajustado de tal maneira que as forças opostas são levadas a coexistir simultaneamente num estado de tensão recíproca.

A TENSÃO DE OPOSTOS E O PROCESSO DO MUNDO

Heráclito parece ter concebido o processo do mundo em termos de ação e reação de movimentos mutuamente opostos. O processo seria impulsionado por forças cujas tensões ocultas se compensam para produzir um "mundo *ordenado*". Ele exprimiu essa concepção na frase admirável: "O raio dirige o universo." A metáfora de "direção" é uma imagem dinâmica destinada a evocar a idéia de pressão e contrapressão familiar aos marinheiros quando a mão no leme trabalha constantemente para contrabalançar as forças do vento e das ondas. Heráclito recorre também aos sons harmônicos do "raio", dardo supremo de Zeus, para exprimir esta concepção do poder terrível e dominador que mantém o mundo material em seu curso. Esse poder está sempre agindo por baixo da superfície aparentemente estável das coisas (à semelhança da energia atômica) e se manifesta de tempos em tempos no fenômeno terrificante das tempestades de raios.

Heráclito não pensava que o mundo tivesse sido criado por essa força ígnea, pois em sua opinião o mundo não teve início e não terá fim. Sua rejeição de qualquer cosmogonia é expressa como segue:

> A ordem (*kosmos*), que é a mesma para tudo, nem deus nem homem a criou, mas ela sempre existiu e existirá: fogo eterno sendo aceso no tempo certo e sendo extinto no tempo certo.

A proclamação majestática é rica em significação. Falando do fogo eterno que é aceso e apagado "no tempo certo", Heráclito nos está mandando ver o cosmo como um processo dinâmico ordenado em vez de ser um ajuntamento heterogêneo de massas estáticas. À semelhança de seus predecessores milésios, ele reconhecia a existência de grandes extensões de ar, água e éter, mas não atribuía importância primordial a elas. Para ele, a realidade fundamental era o fogo ou algo melhor representado pelo fogo. O fogo que se torna visível nos corpos celestes era para ele a manifestação da energia ígnea invisível e eternamente em movimento suportando todo o processo cósmico. Havia dois movimentos principais nesse processo, aqui chamados de "acender" e "apagar", mas descritos em outra alusão como "ascensão" e "queda". Não é surpreendente encontrá-lo dizendo que "a ascensão e a queda são uma só e mesma coisa". Duas pessoas podem viajar simultaneamente em direções diferentes entre duas cidades, mas usando a mesma estrada, e nesse sentido há uma via permanente que é a mesma para ambas. Este é o conceito apresentado por sua descrição do fogo cósmico como "eterno", e também como sendo "aceso e apagado". Adoto o ponto de vista de que o acender e apagar do fogo devem ser pensados como existindo contínua e simultaneamente. O acender é o "caminho para cima" do vapor incandescente, e o apagar o "caminho para baixo", para a umidade e solidez. Heráclito refere-se ao processo como as "voltas do fogo", ou seja, as transformações pelas quais o fogo se condensa para baixo em direção ao mar e à terra e simultaneamente (embora alguns autores entendam "mais tarde") é exalado para cima para tornar-se novamente fogo.

Os detalhes desse processo são obscuros em nossas fontes, mas as linhas gerais são bastante claras. Toda mudança física é vista aqui como um processo em duas direções e autoperpetuante. O processo é gerado pela Discórdia, mas Heráclito põe também grande ênfase em sua natureza ordenada, usando a noção de "medidas", termo que ocorre constantemente nos fragmentos referentes ao movimento e à mudança. As medidas são prescritas pela "justiça" cósmica, uma lei da natureza que ordena normas razoáveis para o funcionamento conjunto dos "opostos".

Em um fragmento-chave, Heráclito apresenta o processo como uma troca contínua em mão dupla entre o fogo e todos os objetos percebidos:

> Todas as coisas são uma mudança para fogo, e de fogo para todas as coisas, como mercadorias por ouro e ouro por mercadorias.

Como sempre, a comparação é eficiente, e ganha expressividade adicional pelo fato de as mais antigas moedas gregas ainda existentes (aproximadamente 600 a.C.) terem sido descobertas nos alicerces de um depósito no templo arcaico de Ártemis em Éfeso. Cem anos mais tarde, o grande filósofo efésio estaria usando a idéia de uma transação monetária, na qual sua cidade foi pioneira, para explicar seu conceito de um "padrão-fogo" com base no qual todas as transformações físicas podem ser avaliadas. Quando o fogo se extingue para dar origem ao mar, deve haver uma equivalência no novo "oposto" para permitir que se faça novamente um saque de fogo. A medida de fogo é a medida comum de todas as coisas, de maneira análoga ao antigo conceito mercantil do "padrão-ouro".

A DOUTRINA DO FLUXO

Platão atribui a Heráclito o provérbio "tudo se move e nada permanece parado", e acrescenta que ele comparava a realidade ao fluxo de um rio, dizendo que "ninguém pode entrar duas vezes no mesmo rio". Essa frase é correlacionada freqüentemente com a doutrina do fluxo universal. Alegou-se que Platão está mais parafraseando que citando, e que está atribuindo a Heráclito os pontos de vista de um de seus prosélitos posteriores chamado Crátilo, e também que o "fluxo universal" não está presente no pensamento do próprio mestre. Se "fluxo universal" quer dizer movimento desordenado ao acaso no âmago das coisas e um mundo caótico em vez de cósmico (ou seja, "ordenado"), então certamente a doutrina não é de Heráclito. Mas se a frase significa apenas uma transformação constante e ordenada de uma coisa em outra, então podemos com boas razões atribuí-la a ele. Mas o mais cético dos comentadores modernos aceita o que ele disse: "Águas sempre diferentes fluem sobre aqueles que entram nos mesmos rios." Seguramente o sentido deve ser que os rios, como arcos e liras, exemplificam a coexistência dos "opostos", neste caso "identidade" e "diferença". Falamos sobre o "mesmo rio" porque ele é um aspecto relativamente permanente da paisagem, com sua direção e fluxo determinados, como diríamos, pela lei da gravidade. Mas quando analisamos mentalmente o conteúdo do rio, temos de admitir que ele nunca é composto pela mesma porção de água no mesmo lugar. O rio é um símbolo excelente para a mutação uniforme e contínua que constitui a essência do universo heraclítico.

CONTROLE INTELIGENTE NO COSMO

Heráclito pensava que a guerra e a tensão entre os "opostos" são benéficas por serem a única maneira de se poder manter o equilíbrio do mundo. "É necessário", disse ele, "perceber que a guerra é comum a tudo, e a justiça é discórdia, e que todas as coisas acontecem de conformidade com a discórdia e a necessidade." Anaximandro estigmatiza a guerra dos opostos como um abuso e uma injustiça, enquanto Heráclito a elogia como a verdadeira justiça. Esta é a dura e, alguém diria, brutal conclusão de sua análise cósmica. Ela explica sua crítica à prece de Homero para que a discórdia possa desaparecer dentre os deuses e os homens. Explica sua antipatia por Pitágoras, que ouvia a "harmonia das esferas". Mas Heráclito não está pregando a anarquia irracional. Ao contrário, explica sua lei da discórdia como sendo uma manifestação da inteligência e justiça divinas.

"A condição humana", proclamou, "é desprovida de julgamento inteligente, mas a condição divina o possui." Outro fragmento (cujo texto não está totalmente estabelecido) parece descrever o "julgamento inteligente" que "governa todas as coisas através de todas as coisas". Já que um fragmento citado anteriormente descreve esse governo como sendo exercido pelo raio, é razoável concluir que para Heráclito o ordenamento inteligente de todas as coisas decorreu da primazia do fogo. O fogo cósmico é "eterno", e portanto "divino" para o espírito grego. Ele é a "mão no leme" do mundo, operando não de fora do mundo, mas dentro dele e através dele.

ALMA E PROCESSO DO MUNDO

Um crítico antigo sustentou que a obra de Heráclito é mais política que filosófica em sua intenção. Ele a chama de "guia acurado para o objetivo da vida". Há algo a ser dito a propósito dessa interpretação. Já aludimos a um importante aspecto político: sua ênfase na lei como o fator comum e racional no ordenamento das comunidades. O sistema tem também seus aspectos psicológicos e éticos.

É claro que o filósofo que "saiu em busca de si mesmo" deve ter pensado longa e exaustivamente acerca da natureza da "alma". Que ele achou isto um assunto importante, mas frustrante, é indicado pelas palavras: "nunca ninguém descobriu os limites da alma, embora tivesse percorrido todos os caminhos; ela tem um *lógos* muito profundo." Como mencionamos acima, em Heráclito *lógos* é um relato que explica a natureza de uma coisa. A referência a "percorrer todos os caminhos" sugere observação e investigação, enquanto "profundo" sugere a existência de uma dimensão oculta ou espiritual da "alma" que requer uma abordagem diferente, talvez mais intuitiva, de seus mistérios. Não é de todo surpreendente, então, descobrir que os fragmentos existentes fazem pouco mais que sugerir a natureza e o destino da "alma". Aparentemente Heráclito concebeu a vida animada fluindo através das partes do organismo como uma corrente úmida, com a alma consciente exalada por ele exatamente como os vapores ardentes são exalados pelo mar. A alma teria, então, uma tendência natural para seguir a "trilha ascendente", e seria o dever de uma pessoa inteligente realçar essa tendência mediante uma conduta adequada. A natureza de tal conduta é indicada por sua condenação da embriaguês, e sua observação de que "a alma seca é mais sábia e melhor". A trilha descendente para a base úmida da vida devia ser evitada, pois "tornar-se água é a morte para as almas". A trilha ascendente exige autodisciplina e o afastamento do prazer excessivo.

Viver sabiamente para Heráclito, então, pareceria ser uma forma de comunhão por meio do intelecto com os processos objetivos do mundo real, e exigiria uma dedicação total para a "trilha ascendente". Somente por esses meios alguém poderia conseguir libertar-se das ilusões pessoais e particulares das quais muita gente permanece prisioneira. Por esse padrão, os cultos populares do mistério, envolvendo comunhão ébria e frenética com Dioniso por meio da histeria de grupo, continuariam a ser uma paródia grotesca e sacrílega da iniciação filosófica verdadeira, e não seria de admirar que ele condenasse veementemente tais práticas religiosas.

CONCLUSÃO

Apesar do caráter lacônico e enigmático dos fragmentos, uma notável visão coerente do mundo emerge, com uma forte ênfase no processo governado pela lei no cerne de todas as transformações físicas. O sistema heraclítico continuou a atrair prosélitos até a época de Platão, e um deles, o ateniense Crátilo, exerceu uma influência decisiva, embora negativa, no desenvolvimento do pensamento de Platão a respeito do mundo físico e da percepção humana dele. Os primeiros estóicos eram admiradores fervorosos de Heráclito, e incorporaram aquilo que se poderia chamar sua "teologia" da sabedoria ígnea à sua própria visão dogmática do mundo. Eles também adotaram e expandiram sua noção ainda embrionária da base "natural" da lei humana. Outro aspecto fecundo de Heráclito está em sua apreciação do efeito que o entendimento filosófico poderia ter e teve sobre a conduta humana. Ele partilhou essa intuição com Pitágoras e seus seguidores, ajudando a desenvolver a concepção de filosofia como um modo de viver, impulsionando o assunto para além das especulações eticamente neutras dos milésios.

4. O INÍCIO DA ARGUMENTAÇÃO FILOSÓFICA EM ELÉIA

ELÉIA era uma colônia grega no sul da Itália, cuja fundação, aproximadamente em 540 a.C., por refugiados da Focéia jônica, ocorreu como conseqüência direta do avanço da Pérsia para o mar Egeu poucos anos antes. A migração forçada dos foceus ajudou a disseminar a semente da especulação jônica até o mundo ocidental grego da Itália e da Sicília, onde cidades-estados gregas já existiam por mais de 150 anos. Eléia proporcionou um lugar de repouso temporário para o filósofo-poeta Xenófanes, ele mesmo um refugiado da Colofon jônica. É perfeitamente possível que ele se tenha juntado à colonização original. Com certeza se interessou pelo lugar e escreveu um poema sobre sua história em 2 mil versos, que não se conservou e presumivelmente celebrava os efeitos dos ousados foceus.

Eléia logo se tornou um centro notável de filosofia, tendo sido a cidade natal e o lar do grande Parmênides e seu famoso discípulo Zenão. Os historiadores antigos de filosofia consideravam Xenófanes também um membro da escola eleática, e os escritores de "sucessões" afirmam que ele foi o mestre de Parmênides, mas não há quanto a isso qualquer outra evidência, e a conexão entre seus pensamentos é muito periférica.

Xenófanes (aproximadamente 570-480 a.C.) é importante principalmente por suas críticas ao politeísmo grego e por suas especulações altamente originais acerca da natureza da divindade. Ele propôs um monoteísmo refinado e esclarecido e teve boas pretensões a ser visto como o fundador da teologia natural. Seus fragmentos restantes totalizam mais de cem linhas; os mais longos tratam quase sempre de descrições e sátiras em vez de filosofia, mas conservou-se o bastante de seu poema *Da natureza* para justificar seu lugar entre os pensadores criativos do período.

PARMÊNIDES

VIDA E OBRAS

Parmênides é uma figura-chave no desenvolvimento do pensamento pré-socrático. Ele é também o primeiro filósofo cujas obras sobrevivem (ao menos em parte) em forma razoavelmente completa e coerente. Em seu pensamento, o espírito crítico da antiga Jônia floresceu de maneira nova e radical, ganhando, parece, vigor renovado em conseqüência de seu transplante para o solo grego ocidental.

Natural da nova colônia de Eléia, ele nasceu aproximadamente em 514 a.C., e consta que sua família era rica e aristocrática. A principal influência formativa de seu pensamento veio de seus contatos com a confraria pitagórica. Ele era amigo íntimo de um pitagórico chamado Aminias, e dedicou um santuário à sua memória. Essa atitude não era incompatível com as complexidades de caráter que parecem refletir-se em sua obra. Ele demonstra uma mistura pouco usual de fervor místico e racionalismo obstinado, ora proclamando sua mensagem com entusiasmo profético, ora reforçando-a com argumentos profundos e penetrantes que modificaram decisivamente o curso da filosofia grega.

Parmênides preferiu divulgar suas opiniões em versos hexâmetros com uma forte coloração homérica. Isso foi um afastamento deliberado da tradição de prosa estabelecida pelos milésios. Da mesma forma que Homero cantou por inspiração das Musas, Parmênides reivindicou inspiração divina, modelando seu trabalho na forma de revelação de uma deusa. Depois de um prelúdio elaborado (trinta e duas linhas, todas conservadas), o poema se desdobra em duas partes distintas, atualmente denominadas de um modo geral de "Caminho da Verdade" e "Caminho da Opinião (ou Aparência)". Temos a maior parte de cerca de oitenta versos do "Caminho da Verdade", mas somente cerca de trinta versos do "Caminho da Opinião". Felizmente a parte melhor preservada é a mais importante, e me concentrei nela. O conteúdo da segunda parte nunca foi tão significativo ou influente quanto o da primeira.

PENSAMENTO: "O CAMINHO DA VERDADE"

A primeira parte do poema apresenta uma visão intransigentemente monística do mundo; à luz da razão pura, Parmênides afirma a unidade absoluta e a permanência do Uno. Parece que ele teve uma intuição filosófica da natureza suprema da realidade não muito diferente da visão do poeta Vaugham, que escreveu:

> Vi a eternidade em certa noite,
> igual a um grande anel de luz pura e sem fim;
> tudo estava quieto enquanto ele brilhava...

Vaugham prossegue para descrever o tempo movendo-se como uma sombra escura abaixo da eternidade e levando nosso mundo com ele. Parmênides, todavia, não admite a existência de qualquer mundo em um nível mais baixo que o da pura realidade imutável. Ele traça seus contrastes com muita nitidez e precisão. "Aquilo que é, é; aquilo que não é, não é." A integridade total da realidade impede sua passagem a qualquer outro estado além daquele no qual ela está presentemente. Assim, o tempo é excluído do mundo real, da mesma forma que o movimento e a mudança. Essa é sua revelação da verdade das coisas, e ele argumenta que isso é confirmado pelo veredicto da razão. Suas conclusões eram totalmente divergentes de todas as especulações jônicas anteriores, que se empenhavam em explicar a mudança e não em aboli-la.

Na opinião de Parmênides, não se pode recorrer aos sentidos nesse assunto, pois os sentidos carecem completamente de confiabilidade. Se eles mostram um mundo de objetos em mudança ou movimento, esta é a medida de sua falsidade. Por meio dos sentidos ilusórios, as opiniões se impõem ao espírito. O filósofo não deve dar o mínimo crédito à evidência aparente de seus sentidos. O "Caminho da Opinião" é sempre o caminho da decepção. Essa rejeição absoluta da percepção sensorial como base válida para o conhecimento deu início a um grande debate epistemológico sobre a aparência e a realidade, que se prolongou através de toda a especulação grega posterior.

Os resumos conservados do "Caminho da Verdade" representam a primeira obra contínua de argumentação filosófica subsistente na tradição européia. Aqui está um trecho imediatamente seguinte ao prelúdio:

> Vinde agora: falarei e deveis ouvir e receber minha palavra. Os únicos caminhos de indagação existentes para o espírito pensante são estes: um caminho que É e que NÃO PODE SER é a trilha da Persuasão, pois a verdade o freqüenta; o outro caminho, que NÃO É e que TEM DE SER NÃO-EXISTENTE, é uma trilha que declaro totalmente indiscernível. Em verdade não poderíeis conhecer o não-existente, pois ele é inatingível, nem poderíeis descrevê-lo, pois a mesma coisa é para ser pensada e para ser.

Nesse trecho difícil, mas essencial, a enunciação é tensa às vezes, mas também monumentalmente expressiva. Aqui Parmênides admite a existência de dois caminhos possíveis para a indagação intelectual.

O caminho "A" consiste em duas proposições que têm de ser aceitas se o pensador deve chegar a perceber a realidade: ELE É e NÃO PODE NÃO SER. Se dissermos que "é", nossa reação natural é perguntar "O que é?" Aqui isso corresponde a perguntar: "O que Parmênides deve ter em mente (se tiver) como o conteúdo de sua afirmação básica É?" (A expressão grega correspondente a "é" é *estí*, e sigo os estudiosos que tomam a palavra no sentido existencial, e não no sentido predicativo que ela também pode ter em grego. Existe a mesma ambigüidade no "é" em português. Compare-se "Deus é" significando "Deus existe", com "Deus é bom.") Não há consenso quanto à resposta a ser dada a essa pergunta. Eu diria simplesmente que me inclino para a solução que descobre a resposta na última frase da citação: "a mesma coisa é para ser pensada e para ser." Essa frase às vezes é traduzida como: "Pensar e ser são uma só e a mesma coisa", uma tradução mais ondulante que dá a essência da posição de Parmênides, desde que se aceite que o pensamento é dominado pelo ser, e não o contrário. Parmênides está dizendo que se pode pensar validamente apenas acerca daquilo que realmente existe. Neste pressuposto, o sujeito de "é" será "qualquer coisa passível de ser pensada e indagada". Sua afirmação é a certidão de nascimento do racionalismo, tão fundamental a seu modo quanto o "Penso, logo existo" de Descartes.

O caminho "B", a trilha do "não-ser", é a trilha proibida que a indagação não deve seguir, e de fato parece evidente por si mesmo que o "não-existente" não pode ser conhecido nem identificado. Estamos inclinados a admitir que o conhecimento deve ser relativo a objetos existentes. Certamente seria difícil reconhecer algo que não existe. Podemos, todavia, hesitar em sustentar que é impossível afirmar ou declarar "o que não é". Que dizer da afirmação "O atual rei da França não é casado"? Parmênides descartaria tais afirmações. Essa asserção, diria ele, não é uma afirmação filosófica. Alguém está fazendo apenas um jogo de palavras. Lembrem-se de meu princípio básico: "Ser pensado e ser é a mesma coisa." Já que o atual rei da França não é, ou seja, não existe, ele também não pode ser pensado. Parmênides está instando-nos a pôr à prova nosso pensamento graças à pedra de toque da realidade. As proposições gêmeas: "O que é, é" e "o que não é, não é" são sinais na estrada do conhecimento, livrando o espírito de opiniões mal elaboradas.

Há um terceiro caminho ("C"), mais popular que o caminho "B", e Parmênides é ainda mais veemente quanto proíbe seu uso. Aqueles que o percorrem — estes incluem a maioria do gênero humano — tentam "percorrer ambos os caminhos" afirmando "é" juntamente com "não é". Eles dirão, por exemplo, que têm um corpo com muitas partes, afirmando assim a unidade e a pluralidade do mesmo objeto. Dirão que suas crianças têm os mesmos traços de família, mas têm temperamentos diferentes, afirmando assim semelhança e dessemelhança do mesmo grupo. Parmênides chama esse caminho de "trilha de volta ao ponto de partida", querendo dizer que é cheio de contradições. A mesma adjetivação "caminho de volta ao ponto de partida" aparece também numa frase notável de Heráclito: "harmonia que volta ao ponto de partida." Sugeriu-se, então, que Parmênides está atacando Heráclito por cair em contradições, e é realmente provável que ele o tivesse em seu pensamento. Mas Heráclito não é seu único alvo, e sim um atacante de primeira linha produzindo contradições.

Parmênides quer afastar as pessoas de seus pontos de vista costumeiros quanto às coisas baseadas na percepção dos sentidos e nas opiniões aceitas. Ele as vê como se olhassem com um olho que não enxerga e ouvissem com um ouvido que não escuta, e usassem suas línguas como se fossem papagaios para repetir sentimentos impensados. Sua injunção positiva é "julgar valendo-se de argumentos" sua "refutação muito contestada". Sua refutação consiste na rejeição por atacado dos conceitos de mudança, de movimento e de vir-a-ser (*kínesis* e *gênesis*), conceitos que muitas pessoas aceitam sem pensar no trato da vida de todos os dias, mas que para Parmênides são obscurecidos por contradições inaceitáveis.

Que põe Parmênides no lugar deles? Sua resposta pode ser resumida nas palavras seguintes. O conceito verdadeiro de realidade exclui o movimento, a mudança e o vir-a-ser. Aquilo que existe realmente não veio a existir nem deixará de existir. É ao mesmo tempo não-gerado e imperecível. É completo, uma totalidade, imóvel e sem fim. Tempos passados e futuros nada querem dizer para ele, "pois ele *é* agora, todo inteiro por si, uno e contínuo". Parmênides afirma a realidade de um Todo que é Uno. O conceito de algo "passando a ter existência" implica ter havido um tempo anterior em que este algo não existia. Mas tal conceito jaz no caminho do não-ser. Da mesma forma, o conceito de "destruição" implica que algo deixará de existir no futuro. Mas esse conceito também jaz na estrada proibida. Parmênides pretende que sua lógica seja justa e compulsória. Quem quer que deseje pensar corretamente deve evitar o uso de termos que impliquem vir-a-ser ou deixar de ser. O movimento é igualmente excluído da realidade pelo argumento de que o Todo não tem imperfeições e nada lhe falta. Conseqüentemente, ele permanece "o mesmo e na mesma condição", e aquilo que permanece estritamente na mesma condição não pode se mover, pois o movimento é uma forma de alteração, ou seja, alteração de posição.

O "Caminho da verdade" termina com uma descrição extraordinária do Todo ou Uno como sendo "semelhante à massa de uma esfera perfeitamente redonda, igualmente equilibrada em todas as direções do centro para a circunferência". Essa esfera do mundo é um objeto material ou imaterial? Essa pergunta seria quase certamente sem sentido para Parmênides, pois nenhuma distinção inabalável e filosófica entre corpóreo e incorpóreo tinha sido até então esboçada. Parmênides insta-nos a pensar o universo em vez de tentar imaginá-lo ou percebê-lo. Nossa tendência é visualizar os corpos celestes como esferas movendo-se através do espaço vazio. Para Parmênides, não há espaço vazio, já que o Todo é um espaço pleno sem nenhum movimento, já que o Todo está em repouso. Sendo assim, deixaríamos sua imagem de esfera imóvel expandir-se em nosso pensamento até se tornar equivalente à soma global de tudo o que existe. Na geometria de Euclides, as linhas retas podem prolongar-se infinitamente. Para Einstein, o espaço é curvo, e o universo é finito, porém ilimitado. A esfera da realidade de Parmênides parece mais einsteiniana que euclidiana. A comparação é sua maneira de enfatizar a perfeição da realidade, pois a esfera é a figura perfeita cuja superfície é una e contínua em todas as direções.

CONCLUSÃO

O monismo racional de Parmênides era muito diferente da abordagem monística da escola milésia. Seus adeptos tinham postulado uma matéria-prima única da qual derivavam a multiplicidade de objetos, e tinham tentado explicar toda transformação em termos de modificação desse "princípio". Parmênides argüiu que não havia qualquer justificativa racional para postular qualquer multiplicidade ou qualquer mudança. Os milésios tinham confiado a seus sentidos o suprimento de dados básicos acerca do mundo. Parmênides rejeitou a percepção dos sentidos como um caminho para a verdade. O sistema de Heráclito, que enfatizou a realidade suprema do Processo era, se fosse alguma coisa, ainda mais oposto à rígida concepção do Ser proposta pelos eleatas. O pitagorismo era um sistema dualístico, e por isso foi também proscrito pela lógica parmenídea.

Era óbvio que o pensamento racional acerca do mundo não podia progredir antes de encontrar algum meio de refutar ou contornar a posição parmenídea. Todos os pensadores subseqüentes até Aristóteles levaram em conta sua lógica rigorosa, e todos, à exceção de Zenão, sugeriram vários meios novos de enfrentar suas objeções à multiplicidade e à transformação. Zenão contentou-se com o desenvolvimento de novos meios para refutar o pluralismo, e agora passo a ele.

ZENÃO

VIDA E OBRAS

Zenão, o arquipolemista da filosofia antiga, continua a ser uma figura controvertida. Alguns estudiosos consideram-no um mero demolidor da lógica. Para outros, seu pensamento possui grande originalidade e profundeza. O ponto de vista de que solapava as bases da física pitagórica já não encontra o mesmo suporte anterior. Também o ponto de vista comum (baseado na versão de Platão a seu propósito), segundo o qual era um defensor incondicional do monismo, tem de ser tratado com muita precaução.

Muito pouco se conhece acerca de sua vida, e infelizmente pouco se conservou de sua obra. Restam dele apenas quatro fragmentos que totalizam não mais de vinte e cinco linhas, juntamente com alguns breves resumos de discussões. Devemos atribuir-lhe indubitavelmente uma obra da maior significação, que Platão chama de um trabalho de sua juventude. É possível que tenha escrito mais em sua maturidade, mas quanto a isso não se tem certeza. Platão resume no início de seu diálogo *Parmênides* um de seus argumentos tirados de uma obra da juventude. No mesmo contexto, Platão também nos conta que Zenão era cerca de vinte e cinco anos mais novo que Parmênides, que era "alto e de aparência agradável", e também que veio visitar Atenas em companhia de Parmênides. Ele deve ter nascido, então, aproximadamente em 490 a.C., e era certamente natural de Eléia, mas além disso nada de significativo é relembrado a propósito de sua carreira.

Dizem que sua obra de juventude continha quarenta "argumentos" ou "teses", todos inovando no campo dos escritos filosóficos. Esse estilo novo de argumentação levou Aristóteles a chamá-lo de "descobridor da dialética", pretendendo significar que Zenão inovou a arte de argumentar partindo de premissas formuladas por outros pensadores, ou de premissas geralmente aceitas. Seu objetivo era refutar essas premissas revelando suas contradições latentes.

O gosto de Zenão pela controvérsia é abundantemente ilustrado em nossas fontes. Ele não aparece como um pensador criativo, e sim como um atacante sistemático dos pontos de vista de outros filósofos. Ele usava para isso um método de argumento *hipotético*, perguntando: "Se X é verdade, qual é a conseqüência?" E a conseqüência, à proporção que desenvolvia o argumento, era sempre um conjunto de proposições que se contradiziam, com o resultado de mostrar assim que a hipótese (*hypôthesis**) original era absurda.

Sua intenção principal, segundo Platão, era proporcionar uma defesa indireta ao monismo parmenídeo mediante a demonstração de que aqueles que ridicularizavam Parmênides por seus absurdos eram por sua vez apanhados em contradições ainda piores. De um modo geral, isso significava que sustentou a hipótese parmenídea de que Tudo é Um, mas de modo algum é claro que assim seja. A evidência não descarta que tenha considerado aquela hipótese também capaz de levar a contradições.

PENSAMENTO: PARADOXOS DA PLURALIDADE

Parmênides tinha afirmado a unidade do ser e negado a realidade do movimento. Essas afirmações contrariam frontalmente a percepção do senso comum de que o mundo contém uma multiplicidade de objetos em movimento. Assim, Zenão encampou as suposições de que "as coisas são muitas" e "as coisas se movem", e sujeitou-as a uma análise crítica que revelou problemas lógicos insuspeitados nos conceitos de espaço, de tempo e de extensão.

Três dos fragmentos conservados vêm do mesmo extenso trecho do comentário de Simplício. Eles giram em torno do conceito das "partes" de uma "coisa" (espacialmente extensa). Se essas partes são partes realmente separadas, devem constituir, argumenta Zenão, uma *pluralidade infinita* de partes porque cada uma delas será infinitamente divisível. Com efeito, ele formula em seguida um dilema ao perguntar se essas mesmas partes têm magnitude. Se alguém disser "sim", então Zenão salientará que essa "coisa" será infinitamente extensa. Se disser "não", salientará que essa "coisa" não terá tamanho algum. Parece resultar que não pode haver uma pluralidade de partes em coisa alguma.

Tampouco uma pluralidade de "coisas" pode ser concebida sem gerar também contradições. Uma curta citação da prova real de Zenão quanto a este ponto servirá para mostrar o sabor de seu estilo e de seu método:

> (A) Se as coisas são muitas, devem ser tantas quantas são, nem mais nem menos. E se elas são tantas quantas são, podem ser finitas [em quantidade].
>
> (B) Se as coisas são muitas, as coisas existentes são infinitas, pois há sempre outras coisas entre as coisas existentes, e novamente outras entre estas outras, e sendo assim as coisas existentes são infinitas [em quantidade].

A mesma hipótese é claramente levantada para levar a conclusões diametralmente opostas. A segunda parte do dilema (B) envolve a presunção de que, para uma coisa existir, deve possuir alguma extensão no espaço. Simplício deu antes uma prova zenoniana separada a respeito deste ponto. Então, será possível, ao menos em pensamento, cortar qualquer coisa em duas, e cada uma das partes resultantes pode ser ela mesma cortada em duas, e assim por diante até o infinito. Uma infinidade de coisas é gerada dessa maneira, e isso está em contradição com o número finito de coisas deduzidas na primeira parte do dilema (A).

PARADOXOS DO MOVIMENTO

O argumento baseado na bissecção era conhecido como "dicotomia", e parece ter sido um ardil favorito de Zenão. Ele é proeminente nos famosos paradoxos contra o movimento. Eles não chegaram até nós nas palavras do próprio Zenão, mas Aristóteles apresenta quatro deles em forma resumida em sua *Física.*

O mais conhecido é "Aquiles e a tartaruga". Uma tartaruga é posta para competir contra Aquiles numa corrida e lhe é dada uma vantagem de cem unidades de superfície quaisquer. Enquanto Aquiles cobria a distância, a tartaruga percorria dez unidades. Rapidamente Aquiles cobria as dez unidades, mas a tartaruga estava ainda uma unidade na frente. No pressuposto de que o espaço entre os dois é infinitamente divisível, parece seguir-se que Aquiles nunca ultrapassará a tartaruga, ao menos num período finito de tempo.

Aristóteles assinala que as magnitudes nesta argumentação não são divididas pela metade, mas que basicamente é usado o mesmo método da dicotomia ao infinito. A refutação é também sucinta (embora muitos estudiosos sustentem que ele se equivocou): "É falso pretender que quem sai na frente não é ultrapassado. O primeiro não é ultrapassado *enquanto está na frente*, mas é realmente ultrapassado (desde que se conceba que os corredores podem percorrer uma distância finita)."

Um segundo paradoxo é a "flecha voadora". A cada momento em seu vôo, a flecha ocupa um lugar igual ao seu próprio comprimento. Mas o fato de uma coisa ocupar um espaço igual a si mesma equivale a dizer que ela está parada. Logo, a flecha está parada em cada momento de seu vôo.

Aristóteles dá a entender que a presunção subjacente de Zenão, neste caso, é que o tempo, à semelhança do espaço, é infinitamente divisível, consistindo em um número infinito de "instantes" separados. A flecha voadora é, por assim dizer, fotografada em repouso em cada um desses instantes. (Este é um bom exemplo de como o intelecto tende sempre a espacializar o tempo.) Mas, diz Aristóteles, "o tempo não é composto de instantes indivisíveis".

O homem de ação resolverá esse quebra-cabeça fazendo uma tartaruga correr ou disparando uma flecha. Esta pode atingir o alvo, mas não acertará na mosca. A mosca é que Zenão levantou problemas intelectuais difíceis a propósito da natureza do espaço e do tempo, e esses devem ser resolvidos com métodos intelectuais tão rigorosos quanto os do filósofo. Seus argumentos têm sido discutidos infindavelmente desde a Antigüidade, mas não há uma solução geralmente aceita para as dificuldades que levantam. A argúcia tensa de seus paradoxos lhe assegura imortalidade.

CONCLUSÃO GERAL

A ascensão da escola eleática foi agora esboçada. Em seu âmago está o monismo rigorosamente argumentado de Parmênides. Zenão, penso, foi um acompanhante bitolado, um controversialista atacando pontos de vista pluralistas, mas nada acrescentando de positivo à posição parmenídea. Sua importância está no impulso que deu a uma argumentação contida como possibilidade para tratar de tópicos filosóficos. Ele foi um pioneiro em lógica mais que em metafísica. A apreciação sucessiva dos argumentos de Parmênides e de Zenão levou em última instância à ascensão do atomismo, que será descrito no capítulo 6. Antes devemos examinar dois personagens talentosos, Empédocles e Anaxágoras, que desenvolveram seus sistemas de pensamento muito característicos numa tentativa para salvar o panorama do mundo apresentado pelos jônicos das dificuldades conceituais levantadas pelos eleáticos.

5. CONSTRUTORES INDIVIDUAIS DE SISTEMAS EM MEADOS DO SÉC. V. a.C.

EMPÉDOCLES

VIDA E OBRAS

Empédocles de Acragás (aproximadamente 492-432 a.C.) salienta-se como uma das figuras mais influentes e brilhantes na história do pensamento. Qualquer aspecto seu tem a cintiliação de astro. Sua família era aristocrática e rica, e um de seus avós foi vencedor olímpico na corrida hípica. Enquanto crescia, sua cidade progredia, a ponto de tornar-se um dos lugares principais no mundo grego sob a liderança competente do tirano Téron. Téron obtivera uma vitória notável sobre os cartagineses na batalha de Himera em 480, e usou os despojos da vitória para começar a construir os templos cujas ruínas ainda deixam atônitos os visitantes da região (perto da atual Agrigento, na Sicília Ocidental). Em uma ode triunfal comemorando o sucesso olímpico de um dos músicos da cidade, Píndaro descreveu Acragás como "amante do esplendor" e "a mais bela cidade dos mortais".

Esse foi o brilhante pano de fundo diante do qual Empédocles exibiu seus notáveis talentos em engenharia, medicina, poesia, pensamento religioso e, acima de tudo, filosofia. A um auto-retrato no início de uma de suas obras nada falta em termos de orgulho e exibicionismo:

> Amigos meus na grande cidade de Acragás: chego entre vós como um deus imortal, não mais um mortal, recebendo de todos as honrarias que me são devidas, adornado com uma coroa de vitória e seguido em minha marcha de cidade em cidade por multidões de homens e mulheres aos milhares...

Em uma comunidade mais primitiva, Empédocles teria recebido o posto de curandeiro. A multidão que se aglomerava em volta dele esperava profecias e curas miraculosas. Para o espírito moderno, há mais que um toque de charlatanismo em suas pretensões de ser capaz de dominar os ventos, fazer chover ou evitar a chuva e trazer mortos de volta à vida. Mas ele realizava feitos extraordinários de que poderia vangloriar-se. Ainda jovem, teve o mais importante desempenho na expulsão do filho de Téron do poder e no estabelecimento de uma constituição mais democrática. Quando a cidade vizinha de Selinus foi atingida por uma peste causada pela poluição de seu suprimento de água, ele purificou as fontes mediante o desvio de duas nascentes para o rio principal. Acima de tudo, dedicou seu espírito atilado e apaixonado à solução dos duplos problemas de cosmologia e salvação pessoal, e elevou-se como principal pensador, depois de Parmênides, no mundo grego do Ocidente. Considerando-se seu estilo de vida, a lenda de sua apoteose final no monte Etna teria sido uma conseqüência quase inevitável, porém um relato mais prosaico registra sua morte no exílio no Peloponeso.

A fama de Empédocles baseia-se nos fragmentos remanescentes de dois grandes poemas em versos hexâmetros, um intitulado *Da natureza* e outro *Purificações*. Temos deles 450 versos ao todo, talvez um décimo dos originais, mas o máximo que se conservou de qualquer dos filósofos pré-socráticos. As *Purificações* tratam da natureza e do destino da alma, e são mais religiosas em seu tom. *Da natureza* apresenta uma abordagem mais científica e filosófica.

PENSAMENTO: AS QUATRO RAÍZES DAS COISAS

Da natureza contém alguns ecos claros e deliberados de Parmênides, mostrando que Empédocles deve ter conhecido bem as suas obras. Ele concorda em que nada é criado de nada, e nada é destruído definitivamente, e também rejeita o conceito de espaço vazio e a lógica da pretensão parmenídea de que a pluralidade não pode ser derivada de uma unidade originária. Mas rejeita firmemente o cerne do pensamento de Parmênides, ou seja, que Tudo é Um. Em substituição, postula uma multiplicidade originária de elementos básicos.

Empédocles foi um pluralista moderado, afirmando que tudo no mundo é derivado de quatro "raízes" fundamentais: fogo, ar, terra e água. "Raízes" é seu próprio termo, uma metáfora típica de seu estilo ricamente poético, revelando sua crença de que o mundo da natureza é algo que cresce e se desenvolve como uma árvore num solo básico. Os pensadores jônicos tinham imaginado de várias maneiras que um ou outro desses elementos era mais básico que os restantes. A originalidade de Empédocles consiste em colocá-los num nível igual, como os elementos primários das coisas.

MUDANÇA COMO MISTURA

Depois de haver divulgado este desafio direto ao monismo parmenídeo, Empédocles continuou a atacar o problema da mudança, cuja realidade também tinha sido negada por Parmênides. Sua solução é resumida na seguinte citação:

> Estas [as quatro raízes] existem por si mesmas, porém correndo umas através das outras tomam aparências diferentes, a tal ponto que a mistura as intercambia.

A propósito, Empédocles explica seu significado com um símile adequado tirado da pintura. Compara as quatro raízes com as quatro cores básicas na paleta de um artista. Elas podem ser misturadas para dar qualquer matiz desejado e então aplicadas na tela em pinceladas da forma ou do tamanho desejado. Dessa maneira, o artista pode produzir uma imagem de qualquer objeto usando somente quatro pigmentos básicos. Ele pode fazer isso por causa das diferenças quantitativas entre os pigmentos, e também porque estes podem "interpenetrar-se". Da mesma forma, pensou ele, os quatro elementos possuem diferenças qualitativas e são infinitamente combináveis. São essas combinações que produzem os vários objetos componentes do nosso mundo.

Ele certamente observou que algumas substâncias misturam-se prontamente, tais como a água e o vinho, mas outras — por exemplo a água e o óleo — não se misturam. Para explicar essas discrepâncias, introduziu a noção de "passagens" ou "canais" existentes na estrutura das substâncias naturais. Quando essas passagens se ajustavam umas às outras como, digamos, a mão à luva, a mistura era fácil, mas a estrutura da água e do óleo torna difícil a coalescência de ambos. Elas se assemelhavam às "cavilhas quadradas" e "furos redondos" proverbiais. A palavra grega para passagem é *pôros* — daí o português "poro". Seguindo as pegadas de Empédocles, ainda usamos "poro" em contextos fisiológicos, quando falamos em transpiração ou calor transmitidos através dos "poros" da pele.

TEORIA DA PERCEPÇÃO

A teoria empedocleana dos "poros" era nova e influente. Ele usou-a em sua explicação da percepção, que em sua opinião se devia a um tipo específico de mistura. Afirmou que os objetos estão emitindo continuamente porções deles mesmos semelhantes a películas, que denominou de "efluências", de suas superfícies, e quando elas entram em contato com nossos órgãos dos sentidos são absorvidas e assim percebidas. Um interesse tipicamente aristocrático pela caça é aparente em um exemplo de percepção que ele dá. Comentando a maneira de os cães de caça farejarem o cheiro da presa, ele explica isto como sendo devido à absorção por eles de "fragmentos dos membros dos animais" deixados na vegetação por onde a caça passou. Como Teofrasto percebeu, há uma "simetria" entre as "efluências" e as "passagens" de nosso corpo se a mistura chamada percepção deve ocorrer. Temos, por assim dizer, de estar no "canal certo" se vamos estabelecer contato com a realidade externa.

AMOR E DISCÓRDIA COMO CAUSA DE MOVIMENTO E DE MUDANÇA

A mistura implica obviamente o movimento de um elemento em direção a outro ou através de outro, e assim Empédocles prosseguiu para examinar as causas do movimento. Aqui ele estava preenchendo uma lacuna deixada por seus predecessores. Os milésios e Heráclito apenas presumiram que seu primeiro princípio era capaz de movimentar-se, e não sentiram necessidade de apontar qualquer causa definida para explicar o movimento.

Nenhuma explanação explícita do movimento é atribuída aos pitagóricos. Parmênides eliminou o problema negando a realidade do movimento. Empédocles tentou uma solução positiva e mostrou sua originalidade propondo dois princípios imateriais, que chamou de Amor e Discórdia, para explicar o movimento, que por seu turno explica as misturas e separações ocorrentes no mundo. Ele viu o Amor e a Discórdia como forças cósmicas que funcionam vigorosamente como "atração" e "repulsão" na teoria científica moderna.

Ele acreditou em que não existem criação e destruição absolutas, e sim um interminável ciclo de mudança envolvendo os quatro elementos básicos influenciados pelas forças do Amor e da Discórdia. O Amor ultrapassa as diferenças entre os elementos atraindo-os conjuntamente para um todo único. Há um aspecto criativo nessa síntese porque ela produz a unidade, mas também um aspecto destrutivo porque a individualidade submerge no todo. A Discórdia opera acentuando diferenças básicas e, assim, dissociando os elementos por meio de repulsa mútua. Obviamente isso destrói a unidade, mas cria também a multiplicidade, e torna os objetos individuais, tais como os homens, os animais e as plantas, aptos a passarem a existir.

Os objetos individuais incorporam alguns ou todos os quatro elementos misturados em proporções diferentes. Quando eles se compõem pode-se dizer que passam a existir, e, quando seus elementos são segregados, pode-se dizer que perecem. Empédocles está disposto a aprovar o uso de termos menos precisos e populares, como nascimento e morte, desde que se perceba que tais termos não se aplicam aos elementos, mas somente a compostos temporários que chamaremos de coisas ou criaturas.

Empédocles achava que poderia dar uma explicação adequada do cosmo e de seu conteúdo em termos de suas quatro "raízes" e dois princípios motores. Mas sua explicação está longe de ser determinística quanto à matéria e ao movimento. Ele admitia que os organismos são freqüente e fortuitamente produzidos por interações casuais do Amor e da Discórdia. Por exemplo, conservou-se um fragmento bizarro tratando de nascimentos "monstruosos" que podem resultar de uma mistura inadequada de formas num corpo único. Em relação a organismos mais normais, seu ponto de vista pode ter sido que, quando há uma proporção favorável entre os vários elementos em sua mistura, resultam compostos benéficos. Por exemplo, no caso dos "ossos", há uma "conjunção maravilhosa" dos elementos terra, água e fogo na proporção duas partes: duas partes: quatro partes, e isso é atribuído à ação do Amor. Aristóteles acusa Empédocles de vacilar entre o Acaso e o Propósito em suas explicações, mas em face da crença moderna em um princípio de indeterminação, dificilmente podemos dizer que ele estava errado ao agir assim. Em sua explicação da composição do "sangue" e da "carne", ele diz: "Uma quantidade aproximadamente igual de terra se combina [por acaso] com quantidades aproximadamente iguais dos três outros elementos..."; em outras palavras, a proporção aqui é: 1:1:1:1.

OS ESTÁGIOS DO CICLO CÓSMICO

As forças do Amor e da Discórdia nem sempre estão em equilíbrio. No ciclo cósmico o Amor às vezes obtém ascendência completa, e a Discórdia é banida para a fímbria mais distante do universo. A isso, que pode ser chamado de Estágio Um, Empédocles deu o nome de Esfera. Ele apresenta o cosmo nesse estado como sendo ilimitado e imóvel, "permanecendo fixo na densa obscuridade do Amor", e "rejubilando-se em seu repouso circundante". Nesse estágio, não se pode discernir um sol separado, e não há distinção entre terra e mar.

No Estágio Dois, a Discórdia começa a reentrar na Esfera, trazendo consigo o movimento. Como Empédocles diz pitorescamente: "Todos os membros do deus começam a agitar-se alternadamente." A causa dessa mudança é o "juramento abrangente" da Necessidade. Em outras palavras, um princípio de justiça cósmica exige que nem o Amor nem a Discórdia ganhe uma ascendência permanente, mas cada um ceda a vitória alternadamente ao outro. Os elementos começam agora a separar-se, com o fogo movendo-se para cima em direção aos céus, enquanto a terra e a água começam a baixar, mas manifestações de fogo vulcânico abaixo da superfície da terra mostram que ainda há muita mistura. Nesse estágio, a Discórdia avança em nosso mundo. O Estágio Três vê a Discórdia triunfante, com o Amor totalmente banido, e o Estágio Quatro é o período em que o Amor reafirma gradualmente sua influência. Nenhum desses estágios é descrito nos fragmentos conservados de Empédocles, porém ao menos suas linhas gerais podem ser inferidas do que é dito acerca dos dois primeiros estágios, e eles são necessários para completar o quadro geral de um infindável ciclo alternante de mudança cósmica. O quadro é típico da grandeza abrangente de parte considerável do pensamento pré-socrático, e não é sem paralelo em algumas cosmologias modernas, nas quais um universo em expansão se alterna com um período de contração cósmica.

A NATUREZA E O DESTINO DA ALMA

Do ponto de vista científico, Empédocles considera a "alma" um "princípio de vida" essencial, atuante em percepção e pensamento. Ela se compõe de todos os quatro elementos, e também contém as formas do Amor e da Discórdia. Isso a torna capaz de reconhecer e reagir a esses mesmos elementos e forças no mundo exterior. Entretanto, a maior parte do que Empédocles diz a propósito da alma vem do poema *Purificações*, e é destinada a responder pelo estado de "queda" das almas humanas, e a explicar como elas podem recuperar um estado perdido de bem-aventurança. Em nossos termos, sua doutrina é mais teológica que científica, mas provavelmente Empédocles não reconheceu distinção alguma entre o cosmo e o "divino".

A alma, então, é um alento imortal, cuja morada natural é a dos bem-aventurados, mas foi induzida a pecar pela Discórdia, e agora está exilada das regiões celestes. As condições do exílio condenam-na a repetidas encarnações em forma humana, animal e até de planta Empédocles deixa claro que as encarnações constituem uma punição por alguma coisa parecida com o "pecado original", um pecado ligado à obtenção da vida. Da mesma forma que a antiga punição por homicídio era o banimento, a alma se torna "uma exilada de Deus e uma andarilha". A alma ofensora é um alvo do ódio dos elementos, e eles a rejeitam, lançando-a seguidamente de um para o outro.

Para obter sua libertação dessas atribulações, a alma deve dedicar-se, à semelhança dos homens da Idade de Ouro, a cultuar e servir a Afrodite (o Amor). Num trecho notável, ele olha para trás, para o tempo anterior ao mando de Zeus ou de Cronos quando a "deusa cípria era rainha", cultuada com oferendas de mel, incenso e mirra, e "o altar não era orvalhado com o sangue puro dos touros". Agora se torna claro que Empédocles era um vegetariano apaixonado. É isso que a lei do Amor exige. Foi a Discórdia que levou à primeira aquisição de vida. Comer carne é estigmatizado como um "ato terrível", e o sacrifício de animais é comparável ao assassinato de um parente próximo. O primeiro passo no caminho para a salvação é abster-se de tais sacrifícios e também do alimento animal. Deve-se então perseverar na prática dos rituais de purificação prescritos para "jejuar do mal" — uma frase notável — e tomar conhecimento do reino divino.

Deve ficar claro deste resumo que há quatro pontos principais de contato entre as *Purificações* e o *Da natureza*. Primeiro, o "reinado de Afrodite" deve ser equacionado com o tempo no ciclo cósmico em que o Amor é supremo e a Discórdia foi banida do mundo. Segundo, a reencarnação é posta no contexto dos quatro elementos que foram segregados pela Discórdia, e portanto são hostis ao espírito encarnado. Terceiro, o conflito moral é interpretado como uma tentativa congruente para repor no trono o Amor entre todos os seres animados. Quarto e último, o discernimento filosófico é ele mesmo visto como a mais importante forma de purificação, e são as almas dos sábios que se tornam deuses. A notável expressão "Bem-aventurado é aquele que adquiriu a riqueza de pensamentos divinos" servirá de epitáfio adequado a este talentoso e excêntrico pensador siciliano.

ANAXÁGORAS

VIDA E OBRAS

Anaxágoras de Clazomenas (aproximadamente 500-428 a.C.) nasceu numa família rica, mas não participou dos negócios nem da política de sua cidade natal. Grande parte de sua vida transcorreu fora de sua cidade, principalmente em Atenas. Sua primeira visita àquela cidade pode ter sido forçada, na qualidade de convocado pelo exército persa que invadiu a Grécia em 480. Mais tarde morou lá durante trinta anos (talvez descontinuamente), e tornou-se professor e amigo de Péricles, o principal estadista ateniense. O talento natural de Péricles para a oratória atingiu a perfeição, segundo dizem, graças às suas discussões filosóficas com Anaxágoras, que elevaram seus pensamentos e livraram seu espírito das superstições populares. A inclinação racional do espírito de Anaxágoras é bem ilustrada por uma historieta citada na *Vida de Péricles* por Plutarco. O crânio de um carneiro com um único chifre bem formado no centro da cabeça foi enviado do interior da Ática e mostrado a Péricles como um portento. Um adivinho chamado Lâmpon foi convocado e interpretou o fenômeno como um sinal de que Péricles dentro de pouco tempo expulsaria um rival e passaria a exercer sozinho o poder na cidade. Anaxágoras deu uma interpretação muito diferente. Ele abriu o crânio e notou que a massa encefálica na cavidade cerebral se tinha aglomerado em uma massa em forma de ovo com a ponta na base do chifre. A deformidade, sugeriu ele, devia-se simplesmente a essa anomalia anatômica. O povo, todavia, pensou que Lâmpon tinha dado a melhor explicação, porquanto o rival caiu realmente do poder pouco tempo depois.

Após o início da Guerra do Peloponeso em 431, Péricles perdeu popularidade, e seus inimigos tentaram solapar sua posição valendo-se de uma série de ataques a seus amigos e correligionários. Anaxágoras foi um dos primeiros a sofrer as conseqüências. Alegou-se que ele havia infringido um decreto recente que proibia qualquer pessoa de menosprezar as coisas sobrenaturais ou dar aulas sobre os corpos celestes. Ameaçado de processo pela "heresia" de suas concepções científicas, Anaxágoras foi compelido a deixar Atenas e emigrar para Lâmpsaco no mar de Mármara, onde teria fundado uma escola filosófica. Ele conquistou o respeito dos habitantes de Lâmpsaco, e quando lhe perguntaram em seu leito de morte como gostaria de ser lembrado, o filósofo pediu que fosse instituído uma feriado anual para os escolares em sua memória. Os cidadãos de Clazomenas não o esqueceram tampouco, e mais tarde uma efígie dele apareceu em suas moedas — distinção rara para um filósofo.

Anaxágoras teve uma influência muito significativa na vida intelectual de Atenas. Foi o primeiro filósofo importante que lá residiu, e por intermédio de seu discípulo Arquelau a especulação científica jônica naturalizou-se na cidade. Sua influência foi sentida por espíritos tão diferentes quanto os de Sócrates e Eurípides. O pensamento de Anaxágoras era totalmente apolítico. Ele tornou-se o protótipo do pensador de espírito altaneiro com uma alma muito acima dos assuntos mundanos. Dizem que transferiu seus bens para os parentes e, quando alguém lhe perguntou: "Você não se preocupa com sua pátria?", respondeu apontando para o céu: "Preocupo-me muito com minha pátria." Essa historieta mostra-o como o primeiro "cosmopolita" explícito, ou seja, "cidadão do universo", mostrando lealdade à verdade científica e não a Atenas ou Clazomenas. A imensa abrangência de seu intelecto pode ser vista em sua resposta a uma pergunta obviamente sarcástica de um habitante de Lâmpsaco quanto à possibilidade de as montanhas que cercam a cidade se transformarem um dia em mar: "Sim", disse ele, "desde que o tempo seja suficiente."

Anaxágoras foi o herdeiro intelectual por excelência dos primeiros pensadores milésios, devotado por toda a vida à livre indagação (*historia**). Muito diferente em temperamento do Empédocles passional, ele escreveu sua grande obra sobre a *Natureza do mundo* em prosa e não em verso. Conservaram-se numerosos resumos importantes de suas obras, permitindo-nos reconstruir seu sistema com um grau razoável de confiabilidade.

PENSAMENTO: ESPÍRITO E MOVIMENTO

Anaxágoras foi o primeiro pensador a atribuir importância maior ao papel do Espírito na formação do mundo. Aristóteles viu nessa atitude um avanço filosófico decisivo, e elogiou Anaxágoras como o primeiro pensador "sóbrio" depois de uma sucessão de "tagarelas". A sobriedade e mesmo a dignidade do pensamento de Anaxágoras quanto a este aspecto evidenciam-se no seguinte trecho de sua obra:

> Outras coisas participam de uma porção de todas as coisas, mas o Espírito é ilimitado, governa-se a si mesmo e não está misturado com

> qualquer outra coisa. Com efeito, se ele não estivesse separado, mas tivesse sido misturado com qualquer outra coisa, teria participado de tudo se tivesse sido misturado com qualquer coisa. De fato, como eu disse acima, há um pouco de tudo em tudo. E, se outras coisas fossem misturadas com o Espírito, elas tê-lo-iam impedido de exercer o comando que exerce quando isolado em si mesmo, pois o Espírito é a mais sutil e pura de todas as coisas. O Espírito é a força dominante em todas as coisas que têm vida, sejam elas as maiores ou as menores.

O Espírito existindo à parte das coisas, e portanto no comando das coisas, era, na concepção de Anaxágoras, a causa originária do movimento do universo. O primeiro movimento era circular e em escala limitada, um turbilhão primordial inserido pelo Espírito no caos preexistente. À proporção que o movimento se alastrou e ganhou velocidade, entidades identificáveis começaram a separar-se da mistura primordial. O denso separou-se do rarefeito, o quente do frio, o brilhante do tenebroso e o seco do úmido. Apareceu um mundo ordenado, cujos componentes principais eram a terra e o céu, o mar e a terra firme, e cujos objetos mais admiráveis eram os corpos celestes que giram incessantemente nas alturas.

No primeiro livro da Bíblia hebraica, lemos como no princípio "a terra era informe e vazia" e como "Deus separou a luz das trevas" e "as águas das águas". O conceito é semelhante, mas o mecanismo é diferente. Na versão religiosa, o Deus criador chama as coisas para a existência pela força de sua palavra. Na teoria de Anaxágoras, o Espírito dá início ao movimento e então o movimento assume o comando como força condutora pela qual um mundo ordenado é produzido. A Gênese é intrinsecamente teológica, Anaxágoras é reconhecivelmente científico. As duas versões têm algo em comum porque ambas tendem a enfatizar a alteridade de um princípio dominante que antecede o cosmo e o abrange quando passa a existir. Mas no fim, elas se distanciam porque Anaxágoras nega a possibilidade de criação a partir do nada:

> Os gregos têm um entendimento incorreto de "criação" e "destruição". Nada é criado ou destruído, mas as coisas são feitas e desfeitas pela mistura ou dispersão de coisas [já] existentes.

Platão nos diz que Sócrates ficou impressionado com o que Anaxágoras tinha a dizer acerca do Espírito, mas o criticou por se abster de usar plenamente o Espírito como a causa ordenadora das coisas. Mesmo sem essa evidência, podemos detectar uma falha de "seqüência" nos fragmentos conservados. Se o Espírito conhece e domina todas as coisas antes mesmo de serem separadas do caos primordial, como Anaxágoras diz que faz, pareceria lógico transformá-lo no Planejador Inteligente de todas as coisas. Mas não parece que Anaxágoras tenha dado esse passo. Em vez disso, enfatiza reiteradamente a "separação mediante o movimento", ou seja, uma causa mecânica, como o agente efetivo na produção do mundo de objetos discerníveis em que vivemos.

MATÉRIA

Se a teoria do Espírito de Anaxágoras é bastante coerente, suas opiniões sobre a natureza dos objetos materiais são notoriamente sutis e complexas. Pode-se iniciar a exposição com o incisivo fragmento:

> O mundo é um mundo único e não há lacunas entre as coisas nele existentes, nem limites precisos separando o quente do frio ou o frio do quente.

E essa afirmação da união atual das coisas é ainda mais ampliada pela afirmação de que "há um pouco de tudo em tudo".

A doutrina é logicamente coerente com sua concepção de um "caos" anterior no qual todos os elementos componentes da matéria estavam inextricavelmente misturados. Nessa massa imóvel, ele imaginou as "sementes" das coisas como tão completamente misturadas entre si que não se poderia perceber as cores, e conseqüentemente nenhum objeto poderia ser identificado pela visão. (Para ilustrar esse pensamento, pode-se comparar o líquido lodoso opaco resultante da mistura na mesma paleta de todos os pigmentos antes separados numa caixa de tintas.)

A introdução por ele da "semente" como um novo termo técnico para elemento material é muito significativa e testemunha seu interesse pelo processo biológico. O crescimento de uma grande árvore a partir de uma semente diminuta pode perfeitamente ser considerado o aparecimento de algo novo no mundo. Mas já que Anaxágoras crê realmente que a soma da totalidade da matéria é constante, não pode admitir que o tronco e as folhas sejam realmente novos. As partes perceptíveis separadamente da árvore crescida são, em sua opinião, os agregados maiores dos elementos componentes ("porções") já presentes nas sementes. A árvore aumenta de tamanho pela assimilação de componentes semelhantes oriundos do solo em que estão as raízes, ou da água e do ar com os quais entra em contato.

Anaxágoras teria divulgado uma explicação semelhante para o crescimento de um animal desde o sêmen, passando pelo embrião e indo até o indivíduo completamente desenvolvido. "Como", pergunta ele pertinentemente, "o cabelo poderia provir do que não é cabelo e a carne do que não é carne?" Os nutricionistas modernos poderiam perfeitamente fazer a mesma pergunta, e a resposta poderia aludir a proteínas dos alimentos convertidas em proteínas nos tecidos dos animais. Eles estão filosoficamente de acordo com Anaxágoras, diferindo dele somente em sua percepção muito mais completa dos processos químicos da transformação.

PARTES HOMEOMERIANAS

É tempo de apresentar a parte mais difícil da doutrina da matéria de Anaxágoras: o conceito de "homeomeria" (*homoioméreia**). O conceito engloba duas raízes gregas significando "similar" e "parte". Ele ocorre em versões doxográficas de seu sistema e não em fragmentos conservados, e pode ser uma cunhagem posterior para expressar um aspecto muito peculiar de sua teoria.

Anaxágoras afirmava que cada porção do mundo material, por menor que seja, contém todos os componentes que podem ser distinguidos em qualquer porção maior. Como, então, um objeto é diferente do outro? A resposta está no princípio da *preponderância*. Na mistura das qualidades componentes de um objeto distinto, percebemos somente aquelas que preponderam nele como um todo, ou (no caso da visão) agrupam-se em sua superfície. Dizemos que a maçã é vermelha, esquecendo que seu interior é branco. Chamamo-la de doce, mas seu centro é amargo. Sua casca é mole ao toque, mas suas sementes são duras. A maçã é uma coisa homeomeriana no sentido de que um inventário de suas "partes" seria um inventário de todas as "partes" existentes.

No caso das "partes" de uma pepita de ouro, o inventário seria o mesmo de uma maçã, mas as proporções dos vários itens seriam diferentes. No ouro, "partes" duras, pesadas e secas preponderam, dando-lhe qualidades sensíveis muito diferentes. A mesma análise aplica-se a qualquer objeto que chamamos de "coisa". Consideraríamos o ouro como sendo uma substância homogênea, e poderíamos aceitar que mesmo uma partícula de ouro terá os mesmos componentes de uma barra de ouro. De maneira idêntica, uma lasca de osso terá os mesmos componentes de um osso inteiro. O termo "homeomeriano" é usado para expressar também esta característica das coisas. Ele pode significar "uma coisa da qual cada parte é semelhante a todas as outras partes da mesma coisa". Mas também apresenta a significação mais ampla e mais paradoxal de "uma coisa tendo partes semelhantes às partes de tudo mais". Como Anaxágoras enfatiza, "há um pouco de tudo em tudo".

A expressão "um pouco" parece significar seu pensamento melhor que "parte". "Parte" tende a sugerir partículas separadas, mas as "coisas" nas palavras de Anaxágoras não são compostas de partículas separadas. Elas devem ser concebidas como coleções de "matérias" misturadas, assim como um raio de luz do dia pode ser visto como uma mistura de todas as cores do arco-íris. Com a ajuda de um prisma, podemos "separar" mecanicamente as várias cores, sendo esta uma maneira em que as coisas podem ser mudadas. Mas sua teoria pode também permitir tipos mais complicados de "extração", como quando a matéria componente do cabelo é extraída por transformação do alimento que ingerimos. Impressionado pela imensa variedade dessas transformações, ele estava pronto a admitir que teoricamente qualquer coisa pode transformar-se em qualquer coisa, tendo-se em vista a variedade infinita de "porções" existentes em tudo.

Resta resumir os aspectos mais abstratos e matemáticos da teoria da matéria de Anaxágoras. Ele concebia o mundo material como uma continuidade infinitamente divisível de fato e em pensamento, mas, independentemente da pequenês da porção imaginada, ainda há uma infinidade de partes dentro do "pequeno". Não existe a "menor parte" de qualquer coisa, pois isso importaria num rasgão na túnica inconsútil das coisas. Da mesma forma, a matéria é infinitamente extensível. Não há espaço vazio limitando um universo finito. Há um infinito fora, da mesma forma que há um infinito dentro, e esses infinitos são "iguais". Comentadores modernos elogiaram Anaxágoras justamente por sua percepção sofisticada da teoria dos conjuntos infinitos.

Todos os pontos mencionados acima estão explícitos ou implícitos nos fragmentos conservados. Podem representar um ataque polêmico à negação de pluralidade de Zenão, ou ao conceito pitagórico de "pontos-unidades", mas está longe de haver certeza quanto a isso. Os pontos de contato entre Anaxágoras e Parmênides são óbvios. Ele concorda com seu ilustre predecessor quanto à inexistência de espaço vazio e à criação a partir do nada, mas rejeita seu Uno imóvel. Propondo um número infinito de "sementes" infinitamente variadas das coisas, inicialmente em repouso, mas depois compelidas pelo Espírito a mover-se, ele é capaz de explicar a diversidade de objetos em movimento e mudança no mundo que nós, criaturas humanas, percebemos à nossa volta. Seu sistema é dotado de uma vitalidade sutil e deve ser levado a sério como uma tentativa de explicação plausível da verdadeira natureza da materialidade.

CONCLUSÃO GERAL

Empédocles foi um individualista singular que não fundou escola. Seu sistema foi muito bem visto por Aristóteles, provavelmente porque ele fez uma tentativa corajosa para explicar o movimento cósmico e a mudança em termos do que agora seria chamado de "atração e repulsão". O pluralismo limitado de suas quatro Raízes teve apenas um reduzido atrativo e não gerou qualquer pensamento cosmológico. Por outro lado, sua teoria dos "poros" e "efluências" foi retomada pelos atomistas e tornou-se a explicação aceita durante séculos.

Anaxágoras teve alguns seguidores, principalmente Arquelau, um amigo de Sócrates que introduziu a ciência jônica em Atenas. Ele recebeu de Aristóteles grandes elogios, pouco comuns, por seu conceito pioneiro de um Espírito cósmico. Sua teoria da matéria foi excessivamente sutil e difícil para seus contemporâneos, e não causou impacto duradouro.

Nenhum desses dois pensadores iniciou qualquer linha maior de desenvolvimento no entendimento do mundo natural. A linha principal de progresso está na adoção do monismo eleático pelo jônico Melisso, e na forte reação que ele aparentemente provocou nos atomistas Leucipo e Demócrito.

6. DO MONISMO AO ATOMISMO

APÓS A CONQUISTA persa da Ásia Menor grega, a corrente filosófica deslocou-se em direção ao Ocidente, da Jônia para a Itália, e encontrou um novo centro em Eléia. Mas na geração posterior a Parmênides, a tendência geral foi revertida. De Eléia, a influência do monismo de Parmênides refluiu de volta ao mar Egeu, e um segundo sâmio apareceu fugazmente no palco da história filosófica. Trata-se de Melisso (aproximadamente 480-422 a.C.), que reafirmou o monismo e assim, com efeito, negou que Empédocles e Anaxágoras tivessem encontrado um caminho satisfatório para contornar os argumentos de Parmênides contra o movimento e a mudança.

Se a filosofia quisesse avançar, teria de ser descoberto um novo caminho, mas Melisso não era o homem para achá-lo. Sua significação principal na história do pensamento está no fato de que sua vigorosa atualização da hipótese monística em boa prosa jônica (da qual se conservaram fragmentos consideráveis) instigou aparentemente dois outros brilhantes jônicos a descobrir e desenvolver a teoria do atomismo. A história da maneira pela qual este avanço aconteceu é delineada no presente capítulo.

VIDA E OBRAS DE LEUCIPO E DEMÓCRITO

Leucipo e Demócrito estavam ligados a Abdera, colônia jônica pouco importante no norte da Grécia. Demócrito nasceu lá e há uma tradição confiável acerca de sua vida e obras. Leucipo continua a ser uma figura mais obscura, e foram levantadas dúvidas até sobre sua existência, porém as dúvidas são improcedentes. Podemos inferir razoavelmente de nossas fontes que nasceu em Mileto aproximadamente em 470 a.C., que viajou para Eléia a fim de estudar com Zenão e que finalmente fundou uma escola em Abdera, onde Demócrito veio a ser seu discípulo. Ele pode ser considerado um parceiro mais velho numa grande aventura conjunta — a criação do mais antigo sistema atômico.

Leucipo veio a ser ofuscado por Demócrito, de tal maneira que somente uma sentença sobreviveu das duas obras atribuídas a ele, mas foi provavelmente o pioneiro no desenvolvimento dos princípios sobre os quais o sistema se baseou. Esses princípios teriam sido expostos em sua obra intitulada *Grande sistema do mundo*, que pode ter aparecido aproximadamente em 430 a.C.

Demócrito nasceu aproximadamente em 430 a.C., e parece ter sobrevivido consideravelmente a seu colega mais velho, chegando ao centenário. Ele mostrou um entusiasmo tipicamente jônico pela indagação ampla, e os interesses mais variados se refletiram em suas numerosas obras. Conhecemos os títulos de mais de sessenta delas, cobrindo um amplo conjunto de tópicos. Dessa sua produção enciclopédica, conservaram-se muitas citações curtas, atingindo cerca de 300 ao todo, mas as obras propriamente ditas perderam-se. É especialmente lamentável que tão pouco tenha sobrevivido de seu *Pequeno sistema do mundo*, que, segundo parece, continha uma exposição abrangente da origem do mundo, da gênese dos animais e da história cultural da humanidade. O desenvolvimento do atomismo, atribuído a ele, foi sua contribuição mais importante para o progresso da filosofia, porém virtualmente nada nesse setor de seu pensamento conservou-se em suas próprias palavras. Mas ele exerceu uma fortíssima influência sobre Epicuro, e as linhas principais de sua teoria física são recuperáveis a partir do sistema deste último filósofo.

A HIPÓTESE ATÔMICA

Segundo Aristóteles, Leucipo chegou à hipótese atômica partindo de uma reflexão sobre o movimento e o vácuo (espaço vazio) num contexto eleático. Melisso havia rejeitado explicitamente a existência de espaço vazio, e com isso a impossibilidade do movimento. Leucipo tentou uma abordagem totalmente diferente. Ele queria justificar o movimento, e assim postulou que *há* espaço vazio e que os corpos podem mover-se e se movem nele. Esse foi seu significativo passo inicial. A sua intenção não foi rejeitar totalmente a doutrina eleática. Admitiu que o ser tem uma integridade que exclui o não-ser no sentido de que o existente é pleno e completo, e exclui totalmente o que é vazio. Mas o seu passo seguinte, provavelmente ainda estimulado pela oposição a Melisso, representou a eliminação radical do monismo.

Melisso havia usado um argumento claro de *reductio ad absurdum* contra a unidade do ser. "Se as coisas fossem muitas", argumentou ele, "elas teriam de ser como eu afirmo que o Uno é." Melisso concluíra que isso era impossível, pois a pluralidade não pode coexistir com o ser unificado. Com efeito, Leucipo disse: "Por que não?" Ele pretendia que "o que é" consiste numa pluralidade infinita de entidades, cada uma pequena demais para ser vista, mas cada uma possuindo algum volume e cada uma dotada das características notáveis do Uno eleático, especialmente a indestrutibilidade.

Assim nasceu o conceito de átomo (*átomon**), palavra grega que significa "aquilo que não pode ser cortado". A indivisibilidade era uma propriedade do Uno, como enfatizou Parmênides, e passou a ser uma propriedade fundamental do átomo leucipiano, tornando-o imune a qualquer mudança externa. Como, então, ocorre a mudança? Leucipo tinha uma resposta plausível. Como os átomos se movem no vazio, colidem, recuam e se encadeiam, e assim se juntam para formar grandes agregados que podem ser percebidos pelos sentidos. As coisas visíveis e tangíveis são produzidas pela agregação casual dos átomos, e quando o agrupamento de átomos que chamamos de "coisa" rompe-se e eles voltam a dispersar-se no vazio, a "coisa" é destruída. Mas nenhum átomo isolado é destruído no processo. Desta maneira extremamente engenhosa, a permanência do ser eleático se combinava com as noções consuetudinárias de pluralidade, movimento e mudança, e assim nasceu a teoria atômica da matéria.

A teoria foi então desenvolvida conjuntamente por Leucipo e Demócrito, e raramente é possível separar suas contribuições respectivas com base na evidência. Ambos afirmaram que todos os átomos são semelhantes quanto à substância, mas diferem na "forma". Essa diferença na forma é um fator importante na geração de diferenças entre objetos sensíveis formados pelo agrupamento de átomos.

Esse detalhe foi claramente ilustrado pela comparação entre as letras A e N, cada uma diferente no feitio, mas ambas compostas de três linhas retas. As diferenças entre as coisas, afirmavam eles, eram também causadas por dois outros fatores no alinhamento dos átomos, que chamaram de "contato recíproco" e "adaptação". Aparentemente estes termos foram escolhidos para dar ênfase à natureza dinâmica da interação atômica. Foram substituídos posteriormente pelos menos significativos "arranjo" e "posição", termos também ilustrados por uma comparação de letras; AN difere de NA em *arranjo*, e Z e N em *posição*. É digno de menção o fato de em latim a mesma palavra *elementum* servir para significar "letra" e "elemento" (físico). O exemplo do alfabeto nos faz pensar que certo número de formas simples em combinação pode ser usado para representar uma infinidade de significações. Da mesma maneira, os atomistas acreditavam que a variedade infinita do mundo sensível é produzida basicamente por diferenças na forma, no arranjo e no posicionamento dos átomos.

A analogia do alfabeto não deve ser levada muito longe. As suas letras são limitadas tanto em número quanto em forma, o que não ocorria com os átomos. Eles eram tidos como ilimitados em número e forma, e provavelmente eram concebidos como infinitamente variáveis em tamanho, embora dentro de limites microscópicos. A importância de suas variações de forma é acentuada pelo fato de Demócrito haver escrito uma obra intitulada *Sobre as formas*, querendo dizer *Sobre os átomos.*

Ao contrário das "sementes" de Anaxágoras ou das "raízes" de Empédocles, não se pensava que os átomos tivessem qualidades tais como cor ou cheiro ou sabor. As qualidades "secundárias", como vieram a ser chamadas depois, não faziam parte do mundo físico externo da mesma maneira que "forma" ou "extensão", que eram "primárias" por pertencerem aos próprios átomos. Entretanto, a qualidade primária de forma era usada para explicar uma qualidade secundária como o sabor, que se tornava sensível ao paladar quando os átomos eram ingeridos nos alimentos. Por exemplo, dizia-se que um paladar "áspero" vem de átomos com uma forma angular e abrasiva, e a "doçura" vem de formas arredondadas e não muito pequenas.

COSMOLOGIA

A moderna frase-chamariz "mundos em colisão" foi surpreendentemente antecipada por Demócrito. De acordo com Hipólito, ele afirmou que a confluência de um número infinito de átomos produziria fatalmente "mundos incontáveis diferentes no tamanho". O resumo de Hipólito prossegue de uma maneira que pode ser muito bem qualificada de projeto original para ficção espacial:

> Em alguns desses mundos não há sol nem lua, em outros eles são maiores que o nosso Sol e nossa Lua, e em outros há vários sóis e luas. As distâncias entre esses mundos são irregulares, e em algumas direções eles são mais numerosos, em outras menos. Em algum lugar estão nascendo, em outros estão morrendo. Alguns estão crescendo, alguns estão em sua plenitude e alguns estão declinando. *Quando colidem,*

destroem-se. Existem alguns mundos sem animais e plantas e completamente sem água.

Diógenes Laércio atribui a Leucipo um esquema coerente de formação de mundos, e seus pontos principais são os seguintes: quando uma grande massa de átomos corre para um "grande vazio", um movimento circular único se estabelece (o princípio do turbilhão). É esse movimento circular comum substituindo os movimentos casuais anteriores de átomos isolados que está na raiz de um mundo ordenado. O turbilhão da massa expulsa os átomos menores para o vácuo exterior, mas os remanescentes são separados de acordo com o princípio de "o semelhante com o semelhante", como "seixos numa praia", e se reúnem para formar um "complexo esférico". O complexo contém uma grande variedade de átomos confinados dentro de um invólucro separado comparável com uma "membrana" ou uma "coifa". O movimento de redemoinho continua, e como um turbilhão os corpos mais pesados reúnem-se na parte central para formar uma "terra". A membrana em volta torna-se então tênue, mas, por causa de sua rotação mais veloz, atrai partículas adicionais. Algumas delas formam um complexo que a princípio é úmido e lodoso, mas seca à proporção que gira, e finalmente se inflama para formar a substância das estrelas.

É claro que essas especulações notáveis destinam-se a excluir toda insinuação de desígnio na formação do mundo. Não existe Espírito cósmico em ação como no sistema de Anaxágoras, nem Amor e Discórdia como em Empédocles. A matéria atômica e o movimento mecânico sustentam todo o esquema. Parece que uma massa crítica de átomos deve reunir-se numa determinada região do redemoinho para começar. Os comentadores não nos dizem por que isso acontece, mas, quando acontece, o turbilhão impõe-se à massa e o resto do processo parece seguir-se necessariamente. Como diz Leucipo na única sentença conservada de suas obras:

> Nada passa a existir por acaso, mas há uma explicação para tudo, e tudo é levado a existir pela Necessidade.

Essa sentença famosa continua a ser a luz que guia a indagação científica. Um ânimo idêntico inspira uma advertência insólita de Demócrito, conservada por uma fonte cristã tardia:

> Eu preferiria descobrir uma única explicação causal a possuir o reino da Pérsia.

TEORIA DO CONHECIMENTO

Os atomistas aspiravam a dar uma explicação objetiva e científica do universo, mas paradoxalmente as raízes do ceticismo eram inerentes à sua doutrina segundo a qual os componentes básicos das coisas são destituídos de qualidades como a cor e o odor. Como, então, reagiremos quando confrontados com o azul do céu e com o verde da grama? Serão todos esses dados subjetivos ou ilusórios? A reação de Demócrito foi tentar traçar uma linha nítida separando o "convencional", ou seja, aquilo que se imagina que é, e o "real", ou seja, o que realmente é. Podemos crer e dizer que a grama é verde, mas a razão nos diz que a cor está somente em nossos olhos. A realidade consiste em átomos incolores e invisíveis. Essa concepção foi resumida em uma sentença muito citada:

> Por convenção doce, por convenção amargo, por convenção quente, por convenção frio, por convenção colorido, mas na realidade átomos e vazio.

Mas, uma vez levantada a dúvida quanto à confiabilidade dos sentidos, as sementes do ceticismo estão firme e verdadeiramente semeadas. Elas deram frutos na obra de um dos discípulos de Demócrito — Metródoro de Quios —, que iniciou seu livro *Da natureza* com a asserção: "Nenhum de nós conhece coisa alguma..."

Demócrito deve ter percebido que estava num declive escorregadio. Há um fragmento dramático em que mostra os sentidos censurando o intelecto:

> Pobre intelecto! Você está tentando derribar-nos com provas que nós lhe fornecemos? Nossa derrota é sua queda.

Esse fragmento aponta uma percepção dos problemas levantados pela ciência se ela rejeita a evidência dos sentidos, e parece que Demócrito tentou parar bem perto do ceticismo total estabelecendo uma distinção entre conhecimento "espúrio" e conhecimento "genuíno". Os sentidos eram canais que admitiam uma forma "espúria" de conhecimento, identificável com a "opinião", e que poderia ser presumivelmente a "opinião certa", da mesma forma que um filho espúrio pode ser um homem bom, embora haja dúvidas quanto à sua paternidade. O conhecimento genuíno apareceu através do raciocínio e não poderia ser errôneo porque representava uma união impecável entre o espírito e a realidade exterior.

CONCLUSÃO

O atomismo marcou o apogeu de uma tendência materialística no pensamento pré-socrático. Ele pretendia explicar todos os fenômenos em termos de matéria, espaço e movimento — uma hipótese extremamente elegante e despojada. A validade da teoria foi energicamente negada por Platão e Aristóteles, mas ela sobreviveu para constituir a base especulativa na formação do sistema epicurista da física. Na baixa Antiguidade e no período medieval, ele foi igualmente desprezado por neoplatônicos e cristãos, mas, embora tenha caído em descrédito, nunca foi totalmente esquecido. A erudição da Renascença promoveu sua ressurreição como uma explicação do mundo físico, e em meados do século XVII recebeu um forte endosso na obra do filósofo-cientista francês Gassendi. Desde aquele tempo, o atomismo voltou furtivamente a seu lugar como parte essencial da base conceitual da ciência moderna. A teoria atômica antiga importou em uma vigorosa afirmação do ponto de vista de que a estrutura última da matéria consiste em partículas separadas. Apesar de sua enorme complexidade e sofisticação, a física nuclear moderna também parece ligada a uma visão fundamentada em partículas das entidades materiais.

7. HUMANISMO E ILUMINISMO: OS SOFISTAS E SÓCRATES

NA METADE do século V a.C., pode-se observar uma acentuada mudança na vida cultural e intelectual do mundo grego. A transformação foi devida somente em parte ao progresso da filosofia. O desenvolvimento em seu sentido estrito começou naquele tempo a conviver e entrosar-se com os avanços políticos e educacionais mais amplos para produzir uma época brilhante e intelectualmente variada de esclarecimento, que se pode considerar prolongada até o fim do século, mas cujos efeitos foram muito mais duradouros.

O iluminismo grego encontrou seu foco mais brilhante e vigoroso na Atenas de Péricles. Como um movimento, teve muito em comum com seu similar século XVIII europeu. Estava-se numa época de dúvida e questionamento, mas também numa época em que os valores humanísticos se apresentavam vigorosa e persuasivamente defendidos por pensadores influentes. O movimento ganhou força diante de um ambiente de liberdade crescente para o indivíduo, especialmente em Atenas e em outras cidades que copiaram suas instituições democráticas. Tratava-se de um movimento intelectual que se tornou crescentemente crítico da autoridade e das convenções. Um perigoso fosso começou a abrir-se entre as crenças religiosas tradicionais e a progressista ciência jônica, trazendo preocupações aos políticos conservadores. Mas, em geral, o movimento estava menos preocupado com o mundo da natureza e mais interessado pelo mundo dos assuntos humanos. Ele era alimentado e encabeçado principalmente por um grupo de professores chamados sofistas, cujo objetivo principal consistia em ajudar seus discípulos a obter maior sucesso na vida pública que na especulação teórica.

OS SOFISTAS

A APARIÇÃO DO MOVIMENTO SOFÍSTICO

Os sofistas eram uma nova espécie de educadores que começaram a aparecer em muitas partes do mundo grego. A palavra *sophístes** vinha sendo usada havia muito tempo como um termo genérico para designar pessoas que eram ao mesmo tempo sábias e hábeis. Podia ser aplicado igualmente a poetas, a carpinteiros, a médicos e a estadistas. Mas, de cerca de 450 a.C. em diante, passou a ser cada vez mais o rótulo aprovado para "professores" errantes que viajavam de cidade em cidade oferecendo cursos de instrução em uma grande variedade de assuntos. Esses professores ensinavam por meio de conferências públicas ou seminários privados, e esperavam ser, e eram, bem pagos por sua atividade. Nada parecido com eles tinha sido visto anteriormente na Grécia. Eles constituíam uma nova classe profissional correspondendo a uma nova demanda por educação superior.

O mais antigo e mais famoso dos sofistas foi Protágoras de Abdera (aproximadamente 490-420 a.C.), que, segundo se dizia, foi o primeiro a aceitar pagamento por seu ensino. Em seu diálogo *Protágoras*, Platão descreve-o reivindicando a capacidade de ensinar "excelência", e seu programa era definido como um oferecimento de "bons conselhos em assuntos de família, ou seja, o trato competente da casa de alguém, e bons conselhos em assuntos públicos, isto é, contribuir com mais eficiência pela palavra e pela ação para o bom andamento dos assuntos da cidade". Em épocas anteriores, essa instrução teria sido transmitida informalmente mediante preceitos e exemplos pelos chefes das principais famílias a seus filhos, mas no tempo deles os jovens aristocratas de cidades progressistas como Atenas estavam buscando algo mais atualizado e profissional, e essa era a demanda que Protágoras e os sofistas seus colegas queriam satisfazer.

A abertura lhes foi proporcionada pela crescente expectativa na educação grega em geral, e particularmente pelo avanço da democracia no estilo ateniense. Como o poder político tendeu a concentrar-se em grandes assembléias e júris populares, a arte da oratória pública eficiente elevou-se a um preço cada vez mais alto, e os pretendentes a políticos estavam dispostos a pagar altos honorários a qualquer um que pudesse transmiti-la.

Os sofistas foram perfeitamente capazes de demonstrar sua competência, e um exemplo disso ocorreu quando Górgias de Leontinos (aproximadamente 483-376 a.C.) foi mandado para Atenas a fim de defender a causa de sua cidade contra Siracusa. Sua oratória com cadências ritmadas maravilhou os atenienses a tal ponto que criou uma nova moda na eloqüência pública, e Górgias obteve tanta notoriedade favorável que pôde radicar-se em Atenas e dar uma série lucrativa de cursos de retórica.

Em Atenas, o sistema legal era usado com freqüência para atacar os adversários políticos. Os tribunais tornaram-se campos de batalhas verbais, e métodos mais efetivos de defender causas e apresentar argumentos foram estudados e ensinados pelos sofistas. Protágoras criou a moda naquela cidade com um tratado intitulado *Interrogatório polêmico.* Esse tipo de instrução trouxe má fama à nova educação. Como Aristófanes diz nas *Nuvens,* os sofistas eram vistos como mestres consumados na arte de "fazer a causa pior parecer a melhor" — daí a acepção moderna de "sofismar". Górgias negava que houvesse qualquer coisa censurável em ensinar habilidades oratórias. Elas eram moralmente neutras, dizia ele, e não deviam ser criticadas se fossem usadas com vistas a fins louváveis. O irmão dele era médico e o chamava para persuadir seus pacientes mais receosos a submeter-se a tratamento cirúrgico. Aos olhos de Górgias, esse era um bom uso da retórica e demonstrava a superioridade prática daquilo que definia como a "arte da persuasão". Ele argumentava que não podia ser considerado responsável por qualquer uso condenável da arte por discípulos menos escrupulosos.

O substancial do trabalho dos sofistas era feito mediante contato com os discípulos, mas eles também escreveram manuais e compêndios. Assim foram produzidas as primeiras gramáticas e os primeiros manuais de retórica e de crítica literária. Esses livros não se conservaram, pois eram de um nível mais elementar, e mais tarde foram ultrapassados por livros mais avançados; naquela época, entretanto, representaram um papel pioneiro, importante na educação grega formal. Eles foram igualmente significativos por representarem o estágio no desenvolvimento lingüístico em que a linguagem se tornou pela primeira vez cônscia de si mesma, e começou a refletir sobre suas próprias operações e descrevê-las.

ASPECTOS FILOSÓFICOS DO MOVIMENTO SOFÍSTICO

(A) HUMANISMO

Os primeiros sofistas eram grandes individualistas, e seria errado olhá-los como membros de uma escola filosófica onde se partilhavam as mesmas doutrinas. Entretanto, é possível discernir uma tendência comum em seu pensamento e em sua prática educacional. Essa tendência é claramente resumida em um dos poucos trechos que se conservaram das obras de Protágoras. Ele iniciou sua obra *Verdade* com as palavras memoráveis:

> O homem é a medida de todas as coisas, da existência do que existe e da inexistência do que não existe.

Esse trecho famoso é justamente considerado o manifesto-chave do humanismo grego. Se "homem" significa aqui "cada ser humano individualmente" (em vez de "humanidade em geral" como alguns estudiosos entendem), as palavras com efeito traçam uma linha em volta de um indivíduo com suas preocupações pessoais e lhe garantem que ele é o melhor juiz da verdade naquela área particular. Ele prestigiou o julgamento individual, favorecendo assim as tendências da época para a democracia e a igualdade. Ele também representa uma defesa da tolerância e da liberdade de opinião. Se fosse desafiado a afirmar seu ponto de vista sobre a verdade, Protágoras provavelmente teria adotado a linha pragmática no sentido de que a verdade consiste em crenças ou opiniões operando para o benefício de um indivíduo ou de uma comunidade.

O trecho também implica que certos assuntos são muito elevados para que os seres humanos formem uma opinião válida a seu propósito. Essa atitude agnóstica é convenientemente ilustrada por outras palavras de Protágoras:

> Sou incapaz de atingir o conhecimento em relação aos deuses, de saber se existem ou não existem, ou de conhecer sua natureza essencial. Entre os muitos fatores que me impedem de conhecer, estão a obscuridade do assunto e a brevidade da vida humana.

Em geral, os sofistas afastaram-se da especulação acerca da natureza e da preocupação filosófica com a realidade suprema, e se concentraram em assuntos que pareciam ter relevância direta em relação à conduta na vida humana. Discutiram os fundamentos da lei e da moral, e questionaram os méritos dos diferentes sistemas políticos, criando assim os fundamentos do estudo sistemático da ética e da política. Muitos dos problemas por eles levantados ainda estão vivos hoje. Em seus melhores momentos, foram defensores dos direitos humanos, e alguns chegaram a questionar a validade da profundamente arraigada instituição social da escravidão.

(B) RELATIVISMO

Seu intenso envolvimento nas disciplinas humanísticas conscientizou-os muito bem da natureza volátil da opinião, e em sua vida errante trouxeram para sua cidade a variabilidade dos costumes de uma sociedade para outra. Heródoto também apreciava essas considerações, que lhe vinham à mente ao longo de suas próprias viagens e indagações, e conta uma típica história "iluminista" acerca dos costumes pertinentes às cerimônias fúnebres. O rei Dario, diz ele, perguntou a alguns gregos que estavam de passagem por sua corte se podiam ser induzidos por uma grande quantia a desfazer-se de seus pais falecidos comendo-os, e eles responderam que nenhum argumento os induziria em tempo algum a agir dessa maneira. Dario chamou então um grupo de hindus, cujo costume era agir exatamente assim, e lhes perguntou se poderiam ser induzidos a cremá-los em vez de comê-los, e eles começaram a gritar horrorizados em face da impiedade de tal sugestão. Heródoto então conclui que Píndaro estava certo quando disse: "O costume é soberano." A moral da história em sua opinião é que devemos ser tolerantes com os costumes de outros povos por mais repulsivos que pareçam, porque cada comunidade pensa inevitavelmente que suas próprias maneiras são as melhores. Outros pensadores, principalmente os sofistas da segunda geração e os círculos influenciados por eles, tiraram uma conclusão mais deletéria de tais exemplos. Pareceu-lhes que se não há qualquer base comum ou natural para o costume, não podem existir padrões absolutos de moralidade, e daí foi um curto passo para a opinião de que as restrições morais eram meramente convencionais, e portanto contrárias à natureza.

Uma leitura apressada de Platão deixa freqüentemente a impressão de que os sofistas exerceram uma influência corruptora sobre a moralidade pública. Se a moralidade pública declinou na Grécia do século V a.C. — o que não é fácil de provar —, as razões foram muito mais complexas. Homens como Protágoras e Górgias nunca poderiam ter conquistado o respeito que obtiveram se tivessem tentado subverter abertamente os padrões morais de seus discípulos. E há de fato boa evidência positiva de que defenderam energicamente os métodos tradicionais de edificação do caráter e aceitaram padrões de conduta decentes. Mas o espírito da época era antiautoritário, e a crença religiosa estava sendo questionada, e mesmo atacada. Alguns sofistas posteriores e menos notáveis, como Trasímaco, que aparece na *República* de Platão, adotaram claramente opiniões amorais, mas talvez estivessem seguindo e não moldando atitudes sociais já corrompidas por guerras civis e pela longa e desastrosa guerra entre Atenas e Esparta.

(C) CETICISMO E ATEÍSMO

O próprio aparecimento da filosofia foi um fator de crescimento de tendências céticas. Já chamamos a atenção para certos fatores negativos inerentes ao eleaticismo. A insistência de Parmênides a propósito da razão pura solapou a confiança nos sentidos, e o uso destrutivo por Zenão de argumentos dialéticos demonstrou até que ponto é difícil sustentar a verdade de qualquer proposição. Além disso, quando espíritos perspicazes começaram a fazer o inventário de mais de um século de especulação filosófica, foi fácil demais concluírem que o desenvolvimento do assunto produziu mais divergência que acordo.

O desencanto com o raciocínio abstrato é visível em uma obra de Górgias intitulada *Do não-existente ou Da natureza.* A própria obra não se conservou, mas duas paráfrases nos permitiram reconstruí-la de maneira bastante detalhada. Górgias argumentava: (1) que nada existe; (2) que, mesmo que qualquer coisa existisse, não poderia ser percebida pelo homem; (3) que, mesmo que qualquer coisa pudesse ser percebida, não poderia ser expressada ou comunicada a outra pessoa.

Há um tom de paródia e sofisma na obra, mas ela foi também imaginada seriamente como uma rejeição do único Ser verdadeiro postulado por Parmênides. Com efeito, Górgias diz que não há nenhuma realidade não-sensível por trás da aparência, nenhuma coisa-em-si-mesma. E ainda que houvesse tal realidade, ninguém poderia conhecê-la ou descrevê-la. Cada homem está confinado no mundo individual aparentemente existente para seus sentidos. O ceticismo filosófico e o subjetivismo dificilmente poderiam ir mais longe, e a posição é provavelmente inconsistente em relação a qualquer empreendimento educacional. Mas Górgias estava no mínimo perfeitamente consciente da dificuldade para atingir a verdade objetiva. Há sobre isso uma manifestação eloqüente, mas muito melancólica, num de seus exercícios retóricos conservados chamado *Helena*:

> Não é fácil recordar o passado, ponderar sobre o presente ou adivinhar o futuro. Sendo assim, na maior parte dos assuntos, a maioria toma a opinião como conselheira de seu espírito. Mas, sendo incerta e insegura, a opinião protege aqueles que confiam nela com formas de satisfação também incertas e inseguras.

Paralelamente à rejeição da metafísica por Górgias, ocorreu uma rejeição generalizada dos dogmas religiosos. Nas *Nuvens* de Aristófanes (representadas pela primeira vez em 423 a.C.), um Sócrates no palco diz a seu provável discípulo Estrepsíade que os "deuses já não são moeda corrente em minha escola", e, depois de ouvir algumas lições elementares de meteorologia, Estrepsíade admite que "Zeus não existe mais e o Turbilhão é soberano". Isso é uma paródia das opiniões reais de Sócrates, mas é também um reflexo bastante fiel da liberdade de pensamento, encorajada em Atenas pela mistura de ciência jônica com educação sofística. À proporção que o século passava, o agnosticismo expressado por Protágoras foi substituído por um tipo mais agressivo de ateísmo.

O ateísmo era especialmente associado no espírito ateniense com um certo Diágoras de Melos, apelidado de "Ateu", que foi condenado sob a acusação de irreligiosidade. Não conhecemos os argumentos usados por Diágoras, mas um relato positivista da origem da crença nos deuses é atribuído a outro sofista, Pródico de Céos (data incerta). Dizem que afirmava que os deuses aceitos eram originariamente heróis tradicionais que fizeram descobertas úteis como a plantação de grãos, ou os próprios produtos, como o trigo e o pão, que sustentavam a vida, e recebiam as provas de respeito e o culto dos povos primitivos. De acordo com essa concepção, a deusa Deméter seria a descobridora do trigo ou o próprio trigo, Dioniso seria o descobridor da vinicultura ou o próprio vinho, e assim por diante. A explicação é típica da especulação antropológica então em moda, que rejeitava a explicação tradicional do declínio do homem da Idade de Ouro, e enfatizava em substituição a maneira pela qual os próprios seres humanos saíram da selvageria primitiva graças a seus próprios esforços e à sua fertilidade em expedientes.

Um aspecto característico de tais especulações era a opinião de que a lei e a ordem representavam uma fase secundária na evolução da sociedade. As leis, diziam os sofistas, careciam de qualquer base na natureza, e somente apareceram como o resultado de uma convenção ou contrato entre os membros de um grupo social quando as conseqüências da anarquia mostraram-se excessivamente desagradáveis.

Uma virada ainda mais cínica para essa linha de pensamento deve-se ao ateniense Crítias (aproximadamente 460-403 a.C.). Em uma de suas peças teatrais, fez um de seus personagens argumentar que a noção de uma divindade onividente e onisciente era simplesmente uma ficção inventada por algum estadista sagaz para "incutir o temor dos deuses" nos malfeitores. Essa liberdade radical de pensamento foi um produto final daquilo que tinha começado como um movimento louvável no sentido de uma sociedade mais aberta e esclarecida. Ele caracteriza as tendências céticas e anárquicas inerentes a formas mais refinadas de educação. Pode-se facilmente ver por que o movimento sofístico provocou fortes reações entre o povo, entre os políticos conservadores e entre os espíritos filosóficos mais perspicazes. Mas em coisa alguma a reação foi mais intensa que na vida e na atuação de Sócrates, para o qual me volto agora.

SÓCRATES

VIDA E ATIVIDADES

Sócrates (469-399 a.C.) nasceu em uma família urbana ateniense de posses modestas. Sua mãe foi parteira, seu pai foi escultor, e esta era também a profissão de Sócrates; mas ele nunca se dedicou muito a ela e era considerado um homem pobre, embora tivesse casado e constituído família. Raramente deixando Atenas, exceto para cumprir suas obrigações militares, devotou sua vida de maneira magnânima aos melhores interesses da cidade como ele os via. A pátria o recompensou executando-o em seu septuagésimo primeiro ano de vida, com base em acusações de impiedade e corrupção de jovens.

Sua vida extraordinária só é bem documentada em seus estágios tardios. Praticamente o único fato conhecido de sua juventude é que conviveu com Arquelau, que o introduziu à ciência jônica. Mas depois de mergulhar por algum tempo nesse campo de investigação, decidiu que não tinha aptidões para tais estudos. À semelhança dos sofistas, com os quais era popularmente identificado, começou a devotar toda a sua atenção ao estudo do homem.

A guerra prevista e retardada por longo tempo entre Esparta e Atenas começou em 431, e durante seu primeiro decênio Sócrates serviu no exército como soldado de infantaria, conquistando ótima reputação por sua coragem nas batalhas. Por volta de 423, tinha se tornado uma figura tão familiar na sociedade de Atenas que apareceu destacadamente na comédia *As nuvens* de Aristófanes como um tipo excêntrico de intelectual dirigindo um "pensatório" (casa de pensar). Essa caricatura espirituosa indica ao menos que ele já se tinha tornado o centro de um grupo de discípulos, e há uma evidência independente desse fato na estranha história de seu amigo Querefon e do oráculo de Delfos.

De acordo com a história, Querefon perguntou ao oráculo se existia alguém mais sábio que Sócrates, e o oráculo respondeu imediatamente e sem ambigüidades dizendo "não". Sócrates levou o incidente a sério e nós também levamos. Ele indica que em sua meia-idade Sócrates já havia obtido uma reputação considerável por sua "sapiência", e isso se explica melhor como decorrência de seus encontros com sofistas visitantes. Todas as grandes figuras do movimento sofístico cultivavam o hábito de visitar Atenas naquela época, e parece que Sócrates costumava procurá-los e derrotá-los em seu próprio jogo de debate e argumentação. Esse é, ao menos, o quadro apresentado por Platão em seus primeiros diálogos, e não há razões para dúvidas quanto à sua exatidão de um modo geral.

O próprio Sócrates não tinha consciência de ser dotado de qualquer sapiência especial, e por isso decidiu pôr à prova a significação da resposta oracular mediante perguntas aos atenienses que tinham a pretensão de ter mais conhecimentos que os outros cidadãos. Aqueles que se submetiam à sua inquirição, inclusive artífices, poetas e políticos, eram facilmente levados a mostrar-se confusos e obstinados em suas opiniões, e dentro de pouco tempo ele se convenceu de que quase todas, senão todas as pretensões a conhecimento superior, eram infundadas. Tornou-se manifesto, então, que a sua própria superioridade, atestada pelo deus no oráculo, baseava-se na admissão honesta de sua própria ignorância.

Como alguém que proclamava a própria ignorância, obviamente não podia apresentar-se na qualidade de professor que angariava alunos dispostos a pagar, mas um círculo de discípulos reunia-se em torno dele porque admirava seu espírito penetrante e achava sua conversa estimulante e instrutiva. Por seu turno buscava a companhia dos jovens, freqüentando os ginásios onde se reuniam para a prática de exercícios atléticos, e conversava com eles quando relaxavam após os exercícios. Os ginásios atléticos eram as escolas e as faculdades da época, onde os futuros líderes da sociedade podiam ser encontrados e influenciados. Sócrates imaginava que podia prestar melhor serviço aos interesses de Atenas levando aqueles jovens aristocráticos a pensar seriamente na que considerava a mais importante de todas as questões, ou seja, "Como um homem podia conduzir sua vida?" Homens mais idosos também juntavam-se a essas discussões, e muitos que se julgavam bons conselheiros e juízes prudentes de questões duvidosas viam suas pressuposições seriamente postas à prova, e às vezes refutadas, pela dialética socrática. Eles sentiam que haviam sido humilhados diante dos mais jovens, o que contribuía para o acúmulo de suspeitas e antipatia que finalmente levaram Sócrates à condenação à morte.

Em 399, quatro anos depois da derrota final de Atenas por Esparta, Sócrates foi submetido a julgamento sob a seguinte acusação: "Sócrates afronta a justiça, (1) por não respeitar os deuses cultuados pela cidade e por introduzir outras divindades novas; (2) por corromper a juventude."

A acusação foi acolhida sob a rubrica de "heresia". A tolerância ateniense tinha estado sob tensão crescente nos anos da guerra, e os principais pensadores tais com Anaxágoras e Protágoras haviam sido perseguidos anteriormente por causa do mesmo dispositivo legal. As acusações eram vagas, mas sua intenção política era óbvia. Acreditava-se que Sócrates exercia uma influência subversiva solapando as tradições e crenças da sociedade ateniense, e teria de ser reduzido ao silêncio ou mandado para o exílio. Ele tornou-se suspeito de inclinações oligárquicas por causa de suas companhias e de suas críticas ao fundamento lógico da eleição mediante sorteio, que era uma característica básica do sistema democrático em Atenas.

Havia dois preconceitos muito difundidos e bem estratificados contra ele, que podem remontar em parte à sua imagem apresentada pelos autores de comédias. Supunha-se que era algum tipo de cientista ateu (o que não era), e tinha-se conhecimento que se relacionava com dois oponentes anteriores da democracia, Alcibíades e Crítias (o que não provava de forma alguma que ele mesmo fosse desleal). Esse relacionamento foi provavelmente o motivo principal da acusação de corromper a juventude, mas de um modo geral os políticos cautelosos e retrógrados então no poder desaprovavam seu hábito de encorajar os jovens a pensar por si mesmos.

No outro prato da balança, pôs sua integridade de caráter, seu desejo altruístico de melhorar a tendência moral da sociedade, e sua lealdade permanente a Atenas. Depois de um julgamento que durou apenas um dia, um período de tempo absurdamente curto para esquadrinhar questões tão complexas, foi considerado culpado por estreita margem de votos (260 a 240). Na aplicação subseqüente da penalidade, Sócrates recusou-se a fazer uma contraproposta séria para contrabalançar o pedido da acusação de pena de morte, e foi condenado por grande maioria nesse exemplo característico de intransigência. Ele enfrentou a morte com a mesma força moral que havia demonstrado ao longo de sua vida. Assim pereceu aquele que Platão chamou de "melhor homem de seu tempo por sua sabedoria e espírito de justiça".

O QUE SÓCRATES ESPERAVA

A posição fundamental de Sócrates na história da filosofia torna-se mais clara mediante sua comparação com os sofistas. Ele participou da sua abordagem humanística, mas não estava interessado no sucesso mundano ou no aperfeiçoamento político. A exemplo deles, Sócrates acreditava firmemente na educação, mas estava também convencido de que a única forma válida de educação era a auto-educação. Os sofistas escreveram manuais, mas Sócrates nada escreveu. Ele não pretendia ter quaisquer doutrinas especiais a transmitir, mas postulou por uma atitude nova e crítica na vida.

Sua concepção de filosofia está bem expressa em algumas palavras que Platão colocou em seus lábios na *Apologia*.

> Nunca abandonarei o hábito de filosofar. Continuarei a exortar abertamente as pessoas que encontrar, usando minha linguagem habitual: "Meu caro senhor: você é um ateniense, um cidadão da maior e mais famosa de todas as cidades por sua sabedoria e por seu poder. Você não se envergonha de estar preocupado com seu dinheiro e com a maneira de aumentá-lo, e com sua reputação e sua honra, em vez de ter cuidado e preocupação com o conhecimento do bem e da verdade e com a maneira de melhorar sua alma?" E se algum cidadão responder que tem esses cuidados, não o deixarei sair repentinamente e ir embora; ao contrário, interrogá-lo-ei e o refutarei.

Esse era o "serviço ao deus", sua missão para com a cidade, imposta pelo oráculo délfico, e nem mesmo o risco da morte pôde afastá-lo dela. Sentiu-se obrigado a fazer uma tentativa sistemática para levar as pessoas a perceberem suas próprias concepções erradas e crenças falsas sobre as coisas mais importantes da vida. Platão descreveu-o como um "moscardo" cuja função era picar a consciência dos atenienses indolentes para levá-los a agirem melhor. Na opinião de Sócrates, o verdadeiro "estadista" era aquele que fazia o povo "mais rico" no sentido moral e não no sentido material. A maneira de filosofar de Sócrates era uma forma de confrontação intelectual e moral, uma exortação constante para preocupar-se com a verdade e melhorar a alma. Seu método era o de conversação e seu primeiro objetivo era a refutação do erro. Depois disso, ele podia trabalhar no sentido de instilar um senso verdadeiro de valores nos ouvintes.

O MÉTODO SOCRÁTICO

O primeiro passo rotineiro numa conversa era a exortação "Examinemos juntos o problema". Ele induzia seus ouvintes a dizer-lhe o que pensavam em vez de dizer-lhes o que deviam pensar, mas não permitia que a conversa se tornasse desconexa. Sócrates era um pensador rigoroso e insistia numa abordagem metódica dos problemas éticos nos quais estava principalmente interessado. O objetivo de suas indagações era estabelecer um entendimento adequado da terminologia moral geralmente usada, como por exemplo coragem, religiosidade, amizade e assim por diante. Seu método normal consistia em induzir algum membro do grupo a dizer o que pensava dessas palavras. A resposta era então considerada uma definição provisória e submetida por Sócrates à análise e crítica.

Às vezes, a análise destinava-se simplesmente a elucidar o significado das palavras usadas, mas às vezes Sócrates desenvolvia argumentos para mostrar que a definição provisória, ou hipótese, levava a conseqüências inconsistentes e inaceitáveis. O "método socrático" de perguntas e respostas foi um elo importante na cadeia de desenvolvimento que levou ao aparecimento da ciência da lógica formal. O método era geralmente negativo em termos de resultados. Normalmente conduzia a um impasse com nenhuma hipótese possível deixada no "campo de batalha", ficando os contendores reduzidos à perplexidade. Tal resultado não causava desgosto a Sócrates, pois para ele essa era a melhor maneira de livrar o espírito dos presentes de opiniões falsas e prepará-los para vislumbrar as verdadeiras. Mas isso também contribuiu para levar Sócrates a ganhar a reputação imerecida de cético, embora estivesse na realidade muito distante dos sofistas na busca da validade absoluta dos padrões morais.

O DISCERNIMENTO ÉTICO DE SÓCRATES

Nossas fontes são acordes no sentido de que Sócrates gostava muito de estabelecer uma analogia entre arte/proficiência e moralidade, e isso era parte do lado mais positivo de seu pensamento. Ele admirava a maneira segura com que vários artífices exerciam suas respectivas profissões, o que atribuía ao fato de cada um deles ter um objetivo definido e uma técnica já posta à prova para atingi-lo. Baseado nisso, parece ter chegado indutivamente à conclusão de que a moralidade como arte/proficiência para bem viver deve ser também capaz de prescrever uma meta clara (felicidade ou bem-estar) e um meio de atingi-la (conduta reta). Se a moralidade é realmente uma forma de proficiência, deve pressupor a competência e basear-se no conhecimento. Sócrates tendia sempre a sugerir uma conexão estreita entre as várias espécies de virtude e a inteligência. Para sermos verdadeiramente corajosos, ou moderados, ou justos, deveríamos saber o que estivéssemos fazendo e por que estávamos fazendo. Sendo Sócrates, ele não apresentou essa conjectura dogmaticamente, mas isso parece estar implícito em seu pensamento segundo os vários diálogos e relatos compostos por seus seguidores, inclusive Xenofonte e Platão.

As mesmas fontes indicam que havia elaborado uma escala de valores com os bens exteriores (dinheiro e posses) no ponto mais baixo, os bens do corpo (saúde e força) um pouco mais acima, e os bens da alma (integridade moral e discernimento moral) no topo. Essa escala refletia claramente sua própria conduta. Ao viver frugal e asceticamente, desprezava a riqueza e o luxo e era capaz de suportar a pobreza e as dificuldades com equanimidade. Se aceitarmos essa escala de valores, seguir-se-á que é melhor sofrer a injustiça do que a cometer. Se a sofremos, podemos perder nosso dinheiro, nossa liberdade e até nossa vida, mas retemos nosso bem mais valioso, nossa integridade moral. Se a cometemos, aparentemente saímos ganhando na transação, mas o pior prejuízo é causado à nossa própria alma pela distorção e deturpação de nossas concepções morais. Convencido de que a melhor maneira de promover o auto-aperfeiçoamento era por meio do auto-exame, ele gostava muito de citar a máxima délfica: "Conhece-te a ti mesmo", e um de seus aforismos mais notáveis era: "A vida sem autodomínio não é digna de ser vivida." Em sua companhia era-se continuamente desafiado a "cuidar da alma".

Essas reflexões nos levam ao âmago da ética socrática, usualmente resumida nestes paradoxos gêmeos: "ninguém deve fazer mal voluntariamente", e "virtude é conhecimento". Sócrates pode ter dito o primeiro, mas o segundo representa provavelmente o resumo de sua mensagem feito por Platão. Juntas, as máximas sublinham o otimismo e o racionalismo do ponto de vista de Sócrates. Ele pertenceu à "geração excepcional" de Protágoras e de Péricles, e partilhou a sua confiança no bom senso geral do homem comum. Se o homem comum agia imoralmente, isso devia ter sido causado, pensava ele, mais pela ignorância que pela maldade.

Obviamente, se a virtude é conhecimento, o vício deve ser ignorância. Em que consiste a ignorância? Sócrates analisou-a como ignorância da verdadeira natureza do "bem", ou seja, do que é em última análise desejável ou benéfico para o indivíduo. Aqui, começa sua escala de valores. Se aceitarmos que os bens da alma são melhores, estaremos no caminho para aceitar o paradoxo virtude=conhecimento. Sócrates estava convencido de que em última análise a "virtude" ou "excelência" de um ser humano depende da posse por sua alma do "conhecimento", que para ele quer dizer "discernimento racional" dos princípios de conduta. Acreditava que, se esse discernimento fosse alcançado, a pessoa faria inevitavelmente aquilo que era certo e bom para si mesmo e para os outros.

Se se objetasse que as pessoas muitas vezes sabem o que devem fazer, mas deixam de fazer o que devem, Sócrates responderia que tais pessoas têm a vontade fraca e não adquiriram a força do conhecimento real. Em sua opinião, ser fraco de vontade equivale a não ter vontade de forma alguma, porque uma pessoa não pode "querer", embora possa desejar, o que é um mal para si mesma. Nesse caso, pensava, o desejo se baseia mais na opinião que no conhecimento. Daí sua determinação de desmascarar o "conhecimento" falso ou fingido.

A essência da ética socrática pode ser resumida nas seguintes palavras: o conhecimento no sentido de discernimento em relação aos valores espirituais é uma possessão rara. Vontade verdadeira é desejar conscientemente o que é bom em última instância e absolutamente, ou seja, bondade da "alma", do "espírito" ou da "personalidade". Agir erradamente ou ser injusto é fechar os olhos à verdade, provocando conseqüências prejudiciais a si mesmo, e ninguém em sua opinião pode realmente querer esse resultado. O círculo da argumentação é fechado pela reflexão prática de que o melhor e mais seguro meio para melhorar a nossa conduta é adquirir a espécie de autoconhecimento ou "discernimento" que resultará inevitavelmente em viver bem. Esse conhecimento unificará e integrará a personalidade, de tal maneira que a unidade da virtude decorre dos princípios socráticos tanto quanto sua equação com o conhecimento. E já que o conhecimento verdadeiro é discernimento, há uma necessidade predominante e um dever de "cuidar de nossa alma".

Atualmente, uma ordem para "cuidar da alma" seria considerada mais uma exortação religiosa que moral, e não há dúvida, penso eu, de que Sócrates era um homem profundamente religioso. Platão, que o conheceu muito bem, mostra-o fazendo preces ao deus Pan e compondo um hino a Apolo, e registra suas últimas palavras prescrevendo um sacrifício a Asclépio, o deus das curas. Sócrates foi o menos hipócrita dos homens, e portanto devemos supor que considerou correto usar as vias convencionais da época para o acesso à realidade espiritual. Ele tinha uma concepção muito elevada da natureza da divindade, e sendo assim, à semelhança de Xenófanes, criticou o fato de a mitologia grega ter descrito os deuses de um modo muito imoral. Essa crítica poderia ser apresentada erradamente como um ataque à própria religião, e essa circunstância falou contra ele em seu julgamento. Ele também costumava referir-se a seu "sinal divino" que de tempos em tempos costumava chegar como uma voz interior advertindo-o para abster-se de certas ações. A tagarelice maliciosa de Atenas falava disso como algum tipo de oráculo particular ilícito, e isso sem dúvida está por trás da acusação de que "introduziu divindades novas". À semelhança de muitos outros mártires, estava espiritualmente avançado em relação à sua época. Por causa da ênfase que punha na luz orientadora de sua consciência, Sócrates foi chamado com muita propriedade o primeiro não-conformista da história.

POSIÇÃO DE SÓCRATES NA HISTÓRIA DO PENSAMENTO

O papel crucial de Sócrates no desenvolvimento da filosofia grega é salientado pela expressão "Pré-socrático". Todos os pensadores anteriores a ele, e alguns dos seus contemporâneos, são chamados de pré-socráticos porque de várias maneiras estavam todos tentando compreender a natureza suprema do universo. Sócrates marca uma mudança definitiva na ênfase para afastar-se da filosofia como o estudo da natureza e aproximar-se dela como uma "maneira de viver". Isso não foi uma revolução de um único homem. Sócrates foi apenas parte da tendência humanística geral também exemplificada pelos sofistas. Mas a influência dos sofistas alastrou-se através de todo o sistema educacional, enquanto a influência de Sócrates estava altamente concentrada em seu círculo íntimo de amigos e seguidores. Os sofistas ensinaram, mas Sócrates proporcionou inspiração.

Ele foi em grande parte responsável pela transformação do problema da conduta no tema central do pensamento grego, e depois dele a ética sempre manteve uma posição dominante nas várias escolas filosóficas. Na geração seguinte, os pensadores mais influentes foram todos "socráticos", no sentido de abordar e enfatizar vários aspectos da figura e da maneira de viver de Sócrates. De Sócrates em diante, um novo tom faz-se ouvir na história da ética e da educação: o tom da importância da vida interior, da cultura espiritual. A atitude de Sócrates de desinteresse pelo mundo foi adotada pela escola cínica, pelo platonismo, pelo pensamento estóico, e finalmente se fundiu com a mensagem do Cristianismo. "Que proveito terá um homem se ganhar todo o mundo e perder sua alma?" é uma pergunta muito socrática. Depois do saque de Mégara, o general vitorioso pediu ao socrático Stílpon para lhe mandar uma relação dos bens que tinha perdido, e Stílpon respondeu: "Ninguém me despojou de meus bens interiores." Tudo isso não quer dizer que daí em diante a ciência foi desprezada — longe de tal coisa. A matemática e a astronomia continuaram a fazer grandes progressos, especialmente na Academia de Platão e mais tarde em Alexandria. Mas na época um novo fosso tendia a abrir-se entre os cientistas e os socráticos. Platão quis transpor esse fosso, o que tentou seguindo linhas pitagóricas, mas deve também ser olhado como um socrático por causa de seu devotado e efetivo esforço de divulgação da memória, dos métodos e dos ideais de Sócrates.

8. *IDEALISMO E EDUCAÇÃO: PLATÃO E A ACADEMIA*

PLATÃO (427-347 a.C.) era um aristocrata ateniense, descendente pelo lado paterno de um dos antigos reis de Atenas, e pelo lado materno do famoso estadista Sólon. Sócrates era amigo de seus parentes próximos Crítias e Carmides; Platão deve tê-lo conhecido desde a infância, e deve ter estado freqüentemente em sua companhia durante a última década do século V. De 409 em diante, Platão deve ter tido de cumprir seus deveres militares, e serviu provavelmente na cavalaria nos anos finais da guerra contra Esparta. Em 404-403 foi convidado a juntar-se ao governo oligárquico dos "trinta tiranos" (entre eles estavam Crítias e Carmides), mas a junta foi deposta enquanto ele ainda hesitava. Quatro anos mais tarde, Platão ficou estarrecido e desgostoso com a execução de Sócrates sob a democracia restaurada. Um partido parecia tão mau quanto o outro, e a política ateniense aparentemente não lhe oferecia futuro algum.

Nos doze anos seguintes, mais ou menos, Platão dedicou-se à produção literária e a viagens esporádicas, e aproximadamente em 387, quando fez quarenta anos, partiu para uma viagem à Grécia ocidental. Seu primeiro porto de escala foi Taras (a atual Tarento), onde se tornou amigo de um homem notável chamado Arquitas. Ele era um general e político bem-sucedido, e também um matemático genial. Significativamente era membro da confraria pitagórica. Ele deve ter parecido a Platão uma encarnação de seu conceito ideal de rei-filósofo.

De Taras ele viajou para a grande e opulenta cidade de Siracusa, que estava então sob o governo do impiedosamente bem-sucedido autocrata Dionísio I. Lá encontrou um jovem nobre chamado Díon, muito influente na corte, e ele e Platão deram início a uma amizade calorosa. A tendência homossexual de Platão evidenciou-se nessa relação. Há poucas dúvidas de que tenha se apaixonado por Díon. De fato, ele nos diz muito nos últimos versos de um de seus elegantes epigramas:

> Ah! Díon, tu, que levaste o meu coração
> a enlouquecer com teu amor por mim!

A opinião de Platão sobre esse tipo de amor pode ser conhecida claramente no *Fedro*, onde diz que, se conduzido de maneira discreta e respeitosa, ele tem o poder de educar e enobrecer as almas de ambos os parceiros. Essa atitude, e uma admiração nada tímida a uma distância segura, é a própria concepção de Platão do "amor platônico".

O papel do amor como força educacional é um tema de grande importância no pensamento de Platão. Ele admitiu que a atração sexual é a base e o início do amor, e que a segregação dos sexos (muito rígida na sociedade ateniense) e o papel do ginásio atlético na educação propiciavam a atração que os homens feitos sentiam pelos adolescentes. É fácil ser irreverente ou cínico a propósito dessas ligações, mas Platão se recusou a depreciá-las. Queria vê-las constituindo a base de amizades nobilitantes, e os parceiros sendo usados como um meio de progresso no entendimento filosófico.

Na sétima de suas cartas conservadas no *corpus* platônico (que aceito como autêntica), Platão pretende que, graças à exortação adequadamente socrática, foi capaz de afastar Díon de seus hábitos de luxo e de indolência para adotar um estilo de vida mais sóbrio e filosófico. Os dois se mantiveram em contato após o retorno de Platão a Atenas, e a sua amizade iria ter conseqüências importantes no desenvolvimento político posterior de Siracusa.

A atividade principal da vida de Platão tomou então forma definitiva como um resultado direto dessa primeira visita à Sicília. De acordo com a minha interpretação, ele passou por uma experiência de "conversão". Dentro do padrão clássico dessas experiências, seguiu-se subitamente uma fase de frustração e dúvidas sobre si-mesmo, depois de um estímulo emocional animador, por um período em que o indivíduo é tomado por uma sensação de missão a cumprir e de objetivo a atingir. A incerteza prolongada sobre a maneira de atuar na vida pública ateniense desapareceu, e foi substituída por uma visão esclarecida daquilo que estava mais capacitado a fazer. Vendo o efeito que suas palavras exerceram sobre Díon, Platão percebeu que o manto de Sócrates caíra sobre seus ombros, e que estava destinado a tornar-se um guia moral para a juventude da Grécia. Ao mesmo tempo, ainda tinha necessidade de dar alguma contribuição política, e o exemplo de Arquitas e da confraria pitagórica mostrou-lhe que os estudos filosóficos não eram incompatíveis com a influência política. Se não pudesse ingressar na política, transmitiria suas idéias a seus discípulos.

Todas essas considerações vieram então ao seu espírito e resultaram na decisão de fundar em Atenas uma instituição permanente de ensino, a Academia, que estava destinada a tornar-se o protótipo de todos os colégios e universidades futuras. A Academia tirou seu nome de um herói ático morto e semidivinizado, Academos, cultuado numa aprazível área arborizada situada a pouca distância da cidade na direção noroeste. Platão adquiriu uma propriedade lá, inclusive um ginásio atlético, e abriu uma escola destinada a ser um seminário filosófico para preparar um novo tipo de dirigente para o mundo grego. Havia nos prédios salas de leitura, residências e um salão para refeições em comum. Platão foi o primeiro diretor da escola, que atraiu o que atualmente seria chamado de colegas de pesquisa e também de estudiosos mais novos.

A instituição como um todo era organizada à semelhança de um grupo de culto, o equivalente antigo na lei a uma pessoa jurídica, o que permitiu que os membros da escola fossem investidos na propriedade da mesma, que assim poderia ser transmitida ao longo dos séculos para dar continuidade às intenções do fundador. O objeto declarado do culto era apropriado — a veneração das Musas. A data exata da fundação não é conhecida com certeza — provavelmente por volta de 386 ou 385 — e a tradição é que a escola durou até o seu fechamento oficial sob o imperador bizantino Justiniano em 529 d.C. Isso lhe daria um período de vida mais longo que o completado por qualquer instituição similar moderna, com a única exceção da Al-Azar no Cairo.

A intenção de Platão ao fundar a Academia era de ordem prática e própria de um estadista. Ele queria assegurar uma alternativa mais rigorosa e de princípios mais elevados que a preparação sofística ou retórica, e há abundância de evidência no sentido de que muitos de seus alunos saíram dela para exercer uma liderança esclarecida e efetiva em suas respectivas cidades-estados. Eles eram especialmente procurados como conselheiros na elaboração de constituições ou de projetos de nova legislação.

Durante os vinte anos seguintes, mais ou menos, Platão dedicou-se totalmente ao desenvolvimento da Academia e a escrever numerosos diálogos maiores, incluindo a *República*, sua obra magna. Essa obra genial gira em torno do paradoxo do "rei-filósofo", e na realidade constitui um programa para a nova escola.

Em 367 morreu Dionísio I, e Díon convidou Platão para voltar a Siracusa na qualidade de conselheiro do sucessor, Dionísio II. Díon esperava que Platão exercesse uma influência favorável sobre o novo governante, mas ele hesitou em deixar Atenas para algo que suspeitava que seria mais uma iniciativa malsucedida. Quando chegou a Siracusa, seus temores mais pessimistas se confirmaram. O caráter do novo governante era política e intelectualmente fraco, e Platão não pôde fazer progressos em sua educação. O filósofo teve de enfrentar uma facção contrária a Díon, que suspeitava, talvez não sem razões, de que Díon estava tramando com a intenção de assenhorear-se do poder para si mesmo. Em conclusão, Díon foi mandado para o exílio pouco depois, e Platão voltou para Atenas com muito pouco a mostrar de sua viagem. Ele viajou novamente para a Sicília em 362-361, mas a triste saga de insatisfação continuava. Em 357, Díon recorreu à força, capturando Siracusa com um bando de mercenários e expulsando Dionísio. Governou durante três anos até ser assassinado traiçoeiramente por um de seus próprios subordinados. Platão escreveu então sua *Carta VII* aos remanescentes do partido de Díon, mas a paz não voltou à cidade antes do transcurso de alguns anos de sua própria morte. Isso aconteceu em 347. Ele esteve intelectualmente ativo até o fim, e morreu "com a pena na mão", trabalhando na revisão de seu último e mais longo diálogo, as *Leis*.

OBRAS

Tudo o que Platão escreveu e publicou ainda existe. Sua atividade de escritor estendeu-se por cerca de cinqüenta anos, e durante esse longo período ele produziu uma seqüência de obras muito variadas e encantadoras, além de sua alta importância filosófica.

Suas diversas obras, em número de mais de trinta, não chegaram até nós com as respectivas datas de publicação, e sua ordem cronológica tem sido objeto de prolongados debates. Usando as *Leis* como um ponto final fixo de referência, a análise estilométrica demonstrou que os diálogos se dividem em um grupo "inicial", em outro "intermediário" e um grupo "tardio", mas o método não é suficientemente preciso para estabelecer a seqüência exata dentro de cada grupo.

O grupo "inicial" compõe-se da *Apologia*, do *Críton* e de todos os outros diálogos mais curtos, nos quais as definições das várias virtudes são examinadas inconclusivamente. Nele também se incluem o *Protágoras* e o *Górgias*, mais longos e brilhantemente dramáticos. A finalidade principal dos diálogos desse grupo é prestar homenagem a Sócrates e imortalizar sua memória. Pode-se pô-los plausivelmente nos doze anos decorridos entre a morte de Sócrates (399) e a primeira visita à Sicília (aproximadamente 387).

O grupo "intermediário" centraliza-se em torno da *República*, a obra isolada mais importante de Platão. Sócrates é ainda a figura dominante, porém um número maior de características platônicas começa agora a aparecer, principalmente o interesse pelo pitagorismo. O grupo inclui alguns dos diálogos mais apreciados, como o *Fédon* e o *Banquete*, que podem ser considerados anteriores à *República*.. Após a *República*, vêm obras mais estritamente filosóficas, como o *Parmênides* e o *Teeteto* (datável de aproximadamente 369). O grupo como um todo deve ser datado do período entre a primeira e a segunda visita à Sicília (aproximadamente 387 e 367 respectivamente). Ele reflete claramente o envolvimento crescente de Platão nas atividades da Academia, juntamente com o distanciamento de sua própria filosofia das raízes socráticas.

Há uma concordância generalizada no sentido de o grupo "tardio" abranger o *Sofista*, o *Político*, o *Filebo*, o *Timeu*, o *Crítias* e as *Leis*, muito possivelmente nessa ordem, produção notável para um homem já nos últimos anos de seus sessenta e setenta. Uma diferença considerável entre as últimas obras do grupo "intermediário" e as obras iniciais desse grupo sugere que houve um hiato na atividade literária durante os anos de seu envolvimento estreito com os assuntos da Sicília (367-362). Se essa suposição for correta, ele então terá retomado a produção literária por ocasião de seu regresso do Ocidente em 360. O grupo "tardio" representa sua produção desde aquela época até sua morte em 347.

Praticamente todas essas obras são escritas em forma de diálogos, e os personagens citados que aparecem são criaturas históricas reais. Esse fato, combinado com o fato de o próprio Platão não aparecer abertamente (embora sua *persona* esteja disfarçada apenas parcialmente por "estranhos" anônimos no *Sofista* e nas *Leis*), levanta a questão de sabermos até que ponto os diálogos apresentam o pensamento do próprio Platão. O problema é especialmente sutil quando, como acontece freqüentemente, Sócrates é o interlocutor principal.

Creio que é possível uma solução razoável sem chegar ao extremo de atribuir muito a Sócrates ou desesperar por nunca chegar à filosofia do próprio Platão. Falando de um modo geral, eu sustentaria que os diálogos "iniciais" são inteiramente socráticos em sua concentração nos tópicos éticos, mas que mesmo aqui o espírito construtor de sistemas de Platão já está em atividade, impondo fórmulas gerais como "a virtude é conhecimento" ao sistema de valores mais frouxamente estruturado e pragmático adotado por Sócrates. Nos diálogos "intermediários", Sócrates ainda ocupa um lugar proeminente como condutor de discussões, porém tende cada vez mais a tornar-se um simples porta-voz de Platão, especialmente quando a Teoria das Idéias está sendo exposta. Nas obras "tardias", Sócrates raramente aparece, e o pensamento é inteiramente platônico.

PENSAMENTO: A TEORIA DAS IDÉIAS

Platão enfrentou o ceticismo de seu tempo com uma crença inabalável na possibilidade do conhecimento real. Duas condições, pensava, devem ser satisfeitas para que ocorra o conhecimento: o objeto do conhecimento deve ser uma coisa invariável, e deve ser percebido diretamente pelo espírito. Ainda jovem, Platão tornou-se amigo de um seguidor de Heráclito chamado Crátilo, que o convenceu de que todos os objetos sensíveis são coisas transitórias em um estado de fluxo contínuo. Sendo assim, todos tinham de ser percebidos, mas não conhecidos. Ele devia, então, procurar objetos não-sensíveis de natureza permanente que seriam acessíveis ao espírito cognoscente, e achou exemplos significativos de tais objetos nas virtudes e nos valores que Sócrates estava tentando definir e defender.

Para o espírito de Platão, nada seria mais real e mais importante que a beleza ideal e a bondade absoluta. Essas coisas tornaram-se para ele o foco do conhecimento e a substância da verdade permanentemente válida. Nelas viu os grandes padrões de referência que estão por trás da face mutável do mundo visível, e chamou esses padrões de "idéias", adotando como parte de sua terminologia a palavra grega *idéa**, que significa basicamente "forma" (e nada tem em comum com o português "idéia"). Seguirei a convenção de usar letras iniciais maiúsculas para Idéia/Forma, já que é uma maneira útil de enfatizar a natureza única e objetiva dessas coisas. Uma Idéia platônica não é um pensamento no espírito de alguém, e sim algo que existe por si mesmo como parte imutável da estrutura da realidade,

As Idéias éticas não eram o único padrão ideal que reconhecia. Ele também buscou forte sustentação para sua teoria na doutrina pitagórica com sua ênfase no número como elemento formativo e substância subjacente às coisas. Platão teria concordado com a afirmação de que a água é realmente H_2O. A Idéia pode ser facilmente compreendida como uma *fórmula*, desde que lhe seja atribuída uma existência independente do espírito pensante. Um pensador empírico poderia argüir que uma fórmula como H_2O é uma abstração e menos real que uma gota d'água, mas Platão não era um empírico. Ao contrário, foi o idealista mais influente na história da filosofia. Nada poderia abalar sua convicção de que a relação expressa por uma fórmula como "igual a dois ângulos retos" é mais real (porque mais permanente) que qualquer triângulo específico. Toda a sua carreira filosófica foi devotada a tirar as ilações dessa intuição fundamental.

Então o mundo de Idéias de Platão é composto de coisas ideais ou modelos, tais como Beleza, Igualdade, Circularidade, Saúde, Justiça. As Idéias são invisíveis e intangíveis, e só podem ser percebidas pelo espírito depois de uma preparação conveniente e de exercícios. Elas existem externamente, com uma natureza transcendente que as põe à parte de nosso mundo, mas por um processo de "criação" (para o qual vejam-se adiante as págs. 109-110) o mundo visível foi modelado de conformidade com elas, e suas qualidades essenciais estão disseminadas nas coisas específicas que tocamos e vemos. Quando nos admiramos diante da beleza de uma face ou comentamos a justiça de uma decisão, estamos, na opinião de Platão, generalizando nossas experiências e tornando-as inteligíveis à luz das Idéias que vislumbramos inerentes nelas. Coisas belas, diz ele, tornam-se belas graças à presença da Beleza nelas, e o mesmo é verdadeiro para as coisas justas. Em geral, a presença de uma Idéia é a causa das qualidades características dos objetos específicos.

Duas doutrinas subsidiárias importantes sustentam o arco central da teoria das Idéias: (1) que a Opinião é inteiramente distinta do Conhecimento; (2) que há graus de Realidade.

(1) A Opinião, ao contrário do Conhecimento, é variável porque é derivada dos fenômenos cambiantes do mundo de todos os dias. As Opiniões formam-se com base na percepção dos sentidos, e são desfiguradas por contradições e ilusões. As pessoas podem ser levadas a mudar de opinião por pressões irracionais, e ainda que as opiniões sejam corretas somente podem ser afirmadas, mas não provadas. Em contraste, o Conhecimento é o produto final do raciocínio. Ele pode se provado e demonstrado, e se mantém firme graças à prova. As Opiniões são freqüentemente falsas, mas "conhecimento falso" é uma contradição em termos. O Conhecimento não repousa de modo algum na percepção dos sentidos, mas é uma função do espírito entrando em contato direto com as Idéias.

De acordo com a doutrina (2), a realidade está concentrada no mundo das Idéias, que são mais reais que as coisas fugazes e individuais no mundo visível. Mas as coisas individuais não são consideradas totalmente irreais. Participam até certo ponto da realidade enquanto as Idéias estão presentes nelas. Há graus de realidade também no mundo visível, com sombras e reflexos avaliados como menos reais que coisas sólidas — por exemplo, plantas e animais. Por analogia, o mundo superior contém coisas "matemáticas" como círculos perfeitos, que são menos reais que a Idéia da circularidade que elas refletem.

As Idéias eram tão importantes e centrais na filosofia de Platão que ele relutava em revelar todo o seu pensamento e propósito delas com o que considerava veículo inadequado e inferior: a palavra escrita. A evidência de Aristóteles torna claro que dentro da Academia se discutia muito sobre os aspectos mais abstrusos da teoria. Parece certo que Platão sustentava opiniões bem articuladas acerca da base teórica da matemática e sobre a relação entre Idéias e Números, nenhuma das quais ele divulgou em seus diálogos. Elas eram as chamadas "doutrinas não-escritas", que não tentarei discutir neste esboço inevitavelmente sumário do platonismo. Eram certamente difíceis e esotéricas, mas não incomunicáveis em princípio. Platão, creio eu, deu aulas sobre elas a seus discípulos; Aristóteles e outros conheciam-nas detalhadamente; e o trabalho paciente de eruditos modernos restaurou suas linhas gerais mais importantes. Seria um erro supor que Platão tinha um conjunto de doutrinas para o público em geral e outro completamente diferente para seus íntimos. O pensamento de Platão constituía uma unidade, mas somente parte dele foi externada nos diálogos. O que pode ser comparado a uma cadeia de montanhas cujo pico mais alto permanece coberto pelas nuvens, embora a altura e a localização aproximadas do cume possam ser inferidas pelos contornos mais baixos.

Pode-se supor razoavelmente que o apogeu do pensamento de Platão foi atingido em sua descrição da Idéia do Bem. Aristóteles diz que ele costumava fazer preleções sobre a natureza do Bem, deixando perplexos muitos de seus ouvintes, que esperavam uma abordagem mais ética que metafísica. Nos diálogos pouco ou nada é dito diretamente sobre o Bem além de uma referência mais ou menos velada à sua manifestação no triplo disfarce de "beleza, simetria e verdade". Mas no fim do sexto livro da *República*, sua posição em relação ao mundo das Idéias é comparada significativamente com a posição do Sol em relação ao mundo que habitamos. Essa é a maneira platônica de enfatizar sua força transcendente e sua significação.

Os detalhes da comparação são significativos. Da mesma forma que a luz do Sol nos permite obter uma visão clara e nítida dos objetos que nos cercam no mundo visível, a Idéia do Bem torna todas as Idéias menores expressivas e inteligíveis. Os raios da verdade que dela emanam são o meio em que todos os outros objetos do espírito devem ser observados e conhecidos. O Sol representa um papel ainda mais vital e criativo em relação ao nosso planeta como a fonte última de sua energia e existência. De maneira idêntica, a Idéia do Bem, sugere Platão, é a força que cria e sustenta, da qual as outras Idéias derivam o seu próprio ser. É o Uno supremo acima dos muitos transcendendo até a própria realidade em predomínio e poder.

A CONCEPÇÃO PLATÔNICA DA JUSTIÇA: ESTADO E INDIVÍDUO NA *REPÚBLICA*

Um dos principais desígnios de Platão era demonstrar, contrariando os sofistas, que o Estado tem uma base natural e não apenas uma base convencional. Ele encontrou suas origens em necessidades e carências humanas, tais como alimento e abrigo, que levam os seres humanos a se associarem para obter proteção e ajuda mútuas. Em tais associações, o princípio da divisão de tarefas é ao mesmo tempo visto como benefício e condizente com diferenças naturais de talento. Aqueles que têm "dedos verdes" cuidam de produzir alimentos para toda a comunidade; os dotados de habilidade para construir fazem casas, e os bem-dotados para exercer ofícios fazem roupas e calçados. A menor "cidade" possível, como ele diz de maneira inesquecível, compõe-se de um agricultor, de um tecelão, de um sapateiro e de um outro (provavelmente um carpinteiro!). Mas mesmo essa comunidade embrionária dificilmente será viável por longo tempo, e a cidade logo se expandirá para abranger outros artífices qualificados, e, à proporção que cresce em riqueza, passa a ter vendeiros e negociantes.

Sua riqueza faz delas um possível alvo para vizinhos agressivos, e o problema de proporcionar segurança leva o raciocínio a um novo estágio. O princípio de "um homem, uma ocupação" deve ter continuidade, e uma classe especial de "guardiães" deve ser criada e exercitada para defender o Estado. Chega-se a esse resultado mediante uma seleção desde cedo de crianças talentosas, que passam então pelo tipo de educação chamado de "escola secundária", diferente do treinamento vocacional de aprendizes de artífices. Quando os "guardiães" chegam aos dezoito anos, são novamente examinados para revelar quais são os dotados de uma aptidão real para dirigir, e somente um pequeno grupo de elite pode prosseguir para os estudos do "terceiro nível". Depois de um curso longo e árduo incluindo geometria e astronomia, e um aprendizado "dialético" em filosofia, eles emergem como "guardiães-governantes". Os outros permanecem como "guardiães-ajudantes", dando assistência aos governantes em assuntos militares e executivos.

Omiti numerosos detalhes para apresentar este brevíssimo esboço do Estado ideal de Platão. Ele consiste em três classes distintas, cada uma com sua função específica. A classe mais numerosa, que poderemos chamar de "produtores", é responsável pelo funcionamento da economia e não participa do governo. Acima dela fica a classe de "guardiães-ajudantes" responsáveis pela defesa e segurança. Eles se reportam à classe superior de "guardiães-governantes", que são de fato os "reis-filósofos", preparados para possuírem discernimento em relação à natureza da bondade e da justiça, e completamente altruísticos em seus desejos de traduzir seus conhecimentos em legislação judiciosa e de elaborar as políticas para o benefício de todo o Estado. A tendência totalitária do modelo é clara, mas há alguns aspectos liberais no esquema, principalmente a insistência de Platão no sentido de as mulheres receberem a mesma educação dos homens e serem igualmente elegíveis para o poder supremo. Platão insinua que seria difícil, senão impossível, instaurar esse padrão num Estado real. O Estado ideal permanece como uma utopia à qual a reforma deve aspirar. Ele também representa um papel importante no debate ético da *República*, proporcionando um modelo em larga escala da personalidade humana e seu funcionamento.

Platão vê como axiomático que as três classes refletem as três "partes" da "alma". "Alma" nesse contexto quer dizer "caráter" ou "personalidade", e "parte" é melhor compreendida como motivação ou tendência. Platão pensa que há três "tendências" ou "impulsos" principais que levam a natureza humana a agir: o aquisitivo, o combativo e o intelectual.

Na base da personalidade humana está uma massa desordenada de instintos e desejos que ele chama de "elemento apetitivo". Acima e distinta dessa parte mais baixa de nossa natureza está o "elemento impetuoso". Ele é a nossa parte que sente cólera e indignação, e onde a ambição e o amor-próprio estão principalmente situados. A parte mais elevada de nossa alma se chama "elemento racional", outro exemplo, ainda, da tendência de Platão para igualizar o espírito e a alma. A existência das partes diferentes é provada pelo conflito de impulsos que sentimos com tanta freqüência. Um exemplo claro seria o desejo de ingerir bebidas alcoólicas em conflito com ponderações racionais, mostrando assim em relevo os extremos polarizados na personalidade. A identidade distinta do elemento impetuoso aparece com mais sutileza no caso de alguém que está "irritado" consigo mesmo por se entregar a um desejo mórbido. Aqui a irritação se volta contra o desejo e portanto deve ser distinta dele.

Platão não está advogando a supressão total do desejo. Desejos por alimento, bebida e sexo representam um papel no sentido de assegurar a sobrevivência do indivíduo e do grupo. Ele quer dizer que devem operar sob o controle dos elementos superiores se a personalidade deve funcionar como uma unidade harmoniosa e bem integrada. A função do elemento racional é planejar e coordenar todas as nossas atividades da melhor maneira possível, tendo em vista nossos interesses a longo prazo. Por si mesmo ele pode carecer de força para resistir a um desejo intenso, e é aqui que a função do elemento impetuoso aparece. Esse elemento tem uma tendência natural para ficar ao lado da razão, cultivando o amor-próprio e censurando as faltas, e assim reforça os ditames da razão e os torna objetivos.

Essa doutrina psicológica permite a Platão oferecer uma exposição coerente das quatro virtudes principais da ética grega tradicional. A sabedoria é a virtude do elemento racional no domínio da personalidade e na direção consciente de suas atividades no rumo das boas metas. A coragem é a virtude do elemento impetuoso dando força e objetivo ao intelecto, preservando assim intacto o esquema de valores e os padrões de conduta inculcados pelo sistema educacional. A temperança (ou seja, o domínio de si mesmo) é objeto de uma análise mais sutil. Ela não é apenas a sujeição da natureza mais baixa à mais alta, nem se realiza completamente quando há tensão e conflito entre os elementos. A temperança em seu grau máximo é uma condição de harmonia interior, com a razão consentindo em dominar e os desejos consentindo em operar sob sua autoridade. Finalmente, a justiça passa a ter sido prenunciada no princípio básico de "um homem, uma função". Um homem, à semelhança de uma comunidade, é justo se os vários elementos em sua natureza são capazes de executar suas próprias funções sem intrometer-se nas funções de outra parte, o que só é possível sob o "domínio da razão". Se os outros elementos tentam usurpar poderes, a personalidade torna-se deformada e corrompida — em uma palavra, injusta.

A *República* de Platão é um manual esplêndido de filosofia moral. Segundo o espírito de Sócrates, ele faz da moralidade uma virtude endógena e a relaciona com o conhecimento e o domínio de si mesmo, mas também consegue integrá-la na estrutura da sociedade. A natureza das virtudes é a mesma no Estado e no indivíduo. Um homem justo e uma sociedade justa exibem o mesmo padrão de partes funcionando harmonicamente em um todo ordenado. Com a ajuda de uma análise psicológica sadia, Platão dá a devida atenção à importância da educação no desenvolvimento do caráter. Sua teoria das Idéias proporciona uma estrutura que dá significação e propósito às aspirações mais nobres do homem, e os integra na estrutura do cosmo.

PLATÃO A RESPEITO DA ALMA: REENCARNAÇÃO E REMINISCÊNCIA

É claro, com base nos diálogos, que Platão acreditava na preexistência da alma, da mesma forma que a continuidade de sua existência após a morte. Ele aceitou plenamente a doutrina pitagórica da reencarnação (vejam-se, acima, páginas 35-6), e acrescentou-lhe uma nova dimensão filosófica com sua própria teoria da reminiscência.

De acordo com essa teoria, a alma, ainda descarnada num estágio anterior, foi capaz de percorrer os céus em contemplação das Idéias eternas. O choque de cair na terra para nascer em forma humana causa um esquecimento temporário dessa contemplação, mas traços de memória permanecem no espírito e ela pode ser redespertada por uma análise adequada e pelo questionamento dos dados da experiência. Por exemplo, uma pessoa pode olhar para dois bastões ou pedras e pensar que são iguais, mas não perfeitamente iguais. Já que nunca tivemos experiência de igualdade absoluta nesta vida, Platão pergunta: como esses julgamentos são possíveis? E ele mesmo responde que lembranças latentes de Idéias pertinentes estão sendo evocadas por meio da experiência de coisas individuais nas quais elas são exemplificadas imperfeitamente. Da mesma forma que não podemos julgar um retrato como uma semelhança a não ser que tenhamos conhecido anteriormente a pessoa retratada, assim, argumenta Platão, nossos julgamentos sobre a imperfeição de coisas sensíveis devem basear-se em um conhecimento anterior das Idéias em sua plena perfeição. E já que não podemos atingir a plenitude de tal conhecimento enquanto estamos no corpo, segue-se que a experiência deve ter ocorrido antes do nascimento. Como diz Wordsworth: "Nosso nascimento é apenas um sono e um esquecimento..."; e Platão resume isso numa frase admirável: "Aprender é relembrar."

No processo de aprendizado classificamos e ordenamos os dados da sensação em estado bruto com a ajuda de conceitos gerais. Platão interpreta esse processo como uma ascensão do espírito/alma do nível do particular para o nível mais alto da generalidade no qual o particular é visto numa relação derivativa com uma Idéia ou Idéias. Essa escada de ascensão é descrita explicitamente num trecho notável do *Banquete*, onde se diz que a alma à procura da beleza se eleva na admiração de um ou dois corpos belos à contemplação de todos os corpos belos, e destes ao estudo do caráter nobre, e deste até uma percepção das belezas da ciência, até que finalmente a busca culmina com o conhecimento da essência da própria beleza. O processo tem analogias óbvias com as formas de experiência em êxtase na qual se diz que a alma arrebatada prova o gozo de uma "união mística" com a Divindade. Quando o exercício da filosofia de Platão é impregnado de calor emocional, torna-se uma forma de teologia.

No *Fedro*, ele descreve a alma imortal como uma espécie de anjo caído que perdeu suas asas quando foi introduzido em um corpo mortal. Se ele reagir a influências espirituais — e a experiência da beleza é um veículo poderoso para tais influências —, então será bem-sucedido quanto ao crescimento de suas asas novamente, e quanto libertado de seu corpo após a morte poderá ser bem-sucedido quanto à recuperação de seu estado anterior de bem-aventurança. A libertação definitiva do ciclo de reencarnações é a recompensa máxima para a alma que foi purificada e esclarecida pela contemplação filosófica. Platão transpôs aqui em um estilo filosófico certas doutrinas do culto dos mistérios gregos, nos quais se prometia ao iniciado que depois da morte ele estaria entre os deuses ou se tornaria um deus. Para o espírito de Platão, a verdadeira interpretação da imortalidade da alma é afirmar a possibilidade de partilhar plenamente a vida divina. Se ela menosprezar suas oportunidades deixando de responder ao estímulo moral ou intelectual, decairá na escala do ser, e se escolher conscientemente uma conduta viciosa ou má, receberá punição apropriada na vida futura.

O MÉTODO FILOSÓFICO DE PLATÃO: DIALÉTICA

Até agora pretendi enfatizar o elemento intuitivo na concepção de conhecimento de Platão. Mas ele reconheceu também que o caminho para o conhecimento tem de ser sistematicamente pavimentado com um entendimento progressivo de proposições e suas relações. O filósofo deve ser capaz de dar uma explicação daquilo que pretende conhecer, e faz isso por meio da dialética.

Em Hegel e Marx, o termo "dialética", que talvez tenha sido cunhado por Platão, percorreu um longo caminho a partir de seu significado de "arte da discussão". A dialética (*dialektiké* *) apareceu como uma maneira disciplinada de fazer e responder perguntas acerca da realidade. Desenvolvendo seus métodos e prescrevendo seus objetivos, Platão ficou devendo algo a Zenão, porém muito mais às discussões de grupo organizadas por Sócrates. Seu objetivo era chegar a um conhecimento sistemático das Idéias, e ele era visto por Platão como a "cumieira" das ciências. Em seu tempo, as ciências principais eram a aritmética, a geometria, a astronomia e a harmonia. Ele deu a essas disciplinas um lugar de honra em seu sistema de educação superior porque elas encorajavam a percorrer os caminhos abstratos do pensamento, e assim exercitavam o espírito para ver além da aparência superficial das coisas. Mas ele as via como essencialmente preparatórias para a indagação principal do filósofo. Talvez não levassem o pensador à plenitude da verdade porque ainda dependiam até certo ponto da percepção dos sentidos e de dados perceptíveis. Elas também operavam com axiomas e definições não-confirmadas como seus pontos de partida, um aspecto particularmente evidente no caso da geometria.

A verdadeira natureza da dialética de Platão emerge à luz dessas críticas. Ela era uma maneira científica de filosofar, e só poderia ser frutuosamente empreendida por um espírito que tivesse sido perfeitamente adestrado no pensamento puramente abstrato. Tinha de operar integralmente no mundo das Idéias, sem fazer qualquer uso de dados sensoriais ou apoiar-se em qualquer ponto de partida não provado. De acordo com a descrição da *República*, o método é essencialmente hipotético e antidogmático. Devem ser formuladas proposições, mas nenhuma proposição deveria ser tida como sacrossanta. Tudo deve estar sujeito a exame rigoroso. A dialética deve ser minuciosa em seu programa de verificar cada ponto de partida intelectual. Esse caminho de investigação leva "para cima" porque ela avança para estabelecer generalizações cada vez mais amplas que expressem a essência de Idéias cada vez mais compreensíveis. Em última análise, na opinião de Platão deve haver uma única Idéia mais elevada abrangendo todas as outras Idéias mais baixas, e quanto o uso de hipóteses na dialética chega a esse ponto, não pode elevar-se mais, pois nenhuma generalização mais ampla é possível. Na terminologia de Platão, ele chegou ao "primeiro início não-hipotético". Essa é a meta da dialética. O espírito do indagador é agora capaz de visualizar e perceber com uma certeza intuitiva a Idéia da Unidade, que é idêntica à Idéia do Bem.

A COSMOLOGIA DE PLATÃO

Platão rejeitou completamente a concepção dos atomistas de um universo com uma pluralidade indeterminada de mundos criados por acaso. Elaborou então uma teoria que fez do espírito divino a causa primordial do mundo natural, e pôs os valores espirituais no âmago da criação. Os céus, em sua opinião, proclamam os propósitos racionais de seu criador, cuja obra constitui um "cosmo", um todo único, ordenado e belo, impregnado de vida e de inteligência. O mundo de Platão é uma unidade orgânica, cujas partes são inteligíveis em virtude de sua estrutura matemática.

Os detalhes do esquema platônico são apresentados principalmente no *Timeu*, onde o locutor principal é um pitagórico. Platão ficou devendo muito aos progressos pitagóricos em astronomia e matemática, sintetizados por ele num esquema que também incluía os quatro elementos tradicionais: fogo, ar, água e terra. Os aspectos básicos de seu esquema são um demiurgo e um modelo. O modelo consiste em Idéias eternas e invisíveis, e o mundo visível e tangível ao qual o demiurgo deu e dá existência reflete a bondade e a beleza de sua realidade invisível, mas inteligível. A transcendência misteriosa do demiurgo é enfatizada quando Timeu declara no início da obra: "É difícil descobrir o demiurgo e pai deste universo, e ainda que alguém o encontrasse, seria totalmente impossível falar sobre ele." Sua existência e atividade são presumidas como um pré-requisito de explicação científica, mas sua natureza não é elaborada como a de um objeto de culto.

A obra do demiurgo assemelha-se ao modelo e o reproduz tanto quanto é possível, mas como acontece com um artífice humano, ele tem de trabalhar com materiais de certo modo intratáveis. Sua obra tem de ser estendida a um espaço ainda por fazer, e tem de incorporar um substrato material sujeito ao movimento casual e desordenado. Há no mundo criado um elemento de "fato bruto" que resiste à imposição de ordem e não é totalmente previsível em seus movimentos.

Dentro dessas limitações, o demiurgo cria o mundo segundo o modelo da Idéia de vida. Essa Idéia existe em perfeição eterna e totalmente independente do demiurgo. Parte do modelo consiste na alma em conjunto com o corpo, e esse aspecto reflete-se no cosmo criado. Há uma alma do mundo que é a causa do movimento regular, e o corpo do mundo consiste nos quatro primeiros corpos — fogo, ar, água e terra —, que existem em quantidades estritamente limitadas indissoluvelmente interligadas pela proporção geométrica predominante entre seus respectivos volumes. O corpo do mundo é esférico quanto à forma, não é sujeito a qualquer tipo de decadência ou dissolução e gira perpetuamente em seu eixo. Não há vazio nem dentro nem fora dele, nem reservatório em sua volta do material do qual ele se reabastece. A alma do mundo está inserida no centro da esfera e a impregna completamente, dotando-a de movimento, vida e pensamento. Tanto o corpo como a alma são características essenciais do mundo, mas a alma é o parceiro mais antigo por causa de sua linhagem superior. Esse mundo é uma entidade a tal ponto auto-suficiente e nobre que deve ser considerado como se fosse um deus que passou a existir, planejado e modelado pelo demiurgo eterno. Os corpos celestes, inclusive os planetas, são formados como partes de sua estrutura divina, e em seu movimento servem para marcar a passagem do tempo, que Platão descreve como uma "imagem móvel da eternidade". A incumbência de criar seres humanos foi delegada aos deuses menores, tanto visíveis (ou seja, a terra e os corpos celestes) como invisíveis (Zeus e os outros deuses da tradição grega), que então passaram a existir.

Um dos aspectos mais significativos de todo o sistema complexo é a descrição da estrutura dos corpos elementares primários — fogo, ar, água e terra. Sua estrutura corpuscular relaciona-se com as formas dos sólidos regulares. O fogo é decomposto em tetraedros (formas quadriláteras), a terra em cubos (hexagonais), o ar em octaedros (octogonais) e a água em icosaedros (de vinte lados). Essas formas podem ser ainda decompostas em triângulos componentes de dois gêneros, que os matemáticos gregos chamaram de "meio-quadrados" e "meio-triângulos", porque o primeiro foi produzido mediante a bissecção de um quadrado diagonalmente, e o último tomando-se um triângulo equilátero e descendo uma perpendicular de um ângulo até o lado oposto. A primeira construção produz triângulos isósceles em ângulo reto, cujos ângulos estão na proporção 1:1:2; a segunda, um triângulo escaleno em ângulo reto, cujos ângulos estão na proporção 1:2:3. Isso oferece uma explicação matemática dos elementos da matéria que é reconhecivelmente moderna em espírito, embora os detalhes já não possam ser cientificamente aceitáveis. A explicação leva em conta a transformação de um elemento em outro mediante a decomposição de suas formas estruturais em triângulos básicos que então podem ser novamente formados para produzirem sólidos diferentes. Platão está de fato rejeitando a noção de um tipo único fundamental de *matéria* que sofre mudanças. Quando o ar, por exemplo, é condensado em água, a transformação, na opinião dele, não é devida a uma concentração maior de substância material, e sim a uma alteração interna de estrutura. Um substrato permanente ou estrutura em que tais alterações podem ocorrer é proporcionado pela noção de espaço, que é um terceiro fator básico no esquema platônico de criação, completamente distinto do Ser inteligível de um lado, e do vir-a-ser perceptível de outro lado.

EPÍLOGO

Uma citação do tributo de Aristóteles à memória de Platão servirá para completar a minha apreciação deste último: "Por sua maneira de viver", disse o maior de seus discípulos, "e por seu método de filosofar, pôs diante da humanidade a clara conclusão de que a busca da felicidade é a mesma coisa que a busca da excelência." Platão ainda é o príncipe dos filósofos morais. No grau mais alto de sua inspiração, os diálogos platônicos guardam num relicário o registro de uma peregrinação apaixonada pelo caminho que leva à excelência e à verdade. Estilista e sábio, expoente eloqüente dos valores eternos, manancial de idealismo, seu pensamento ainda pulsa fortemente no coração da indagação filosófica, fazendo jus à estima e ao respeito de todos os amantes verdadeiros da sabedoria.

9. SISTEMA E CIÊNCIA: ARISTÓTELES E O LICEU

ARISTÓTELES (384-322 a.C.) nasceu em Estagira, cidadezinha obscura da Macedônia oriental colonizada originariamente por jônicos. Sua família era rica, e seu pai, Nicômaco (que morreu quando ele era muito moço), ocupava o posto de médico de Amintas, rei da Macedônia. A profissão de seu pai ajuda a explicar seu interesse especial pela biologia, e a ligação com a corte da Macedônia pôs Aristóteles em contato com a dinastia que estava destinada a dominar a Grécia e transformar a história do mundo.

Aos dezessete anos de idade foi para Atenas a fim de estudar na Academia, onde residiu como membro da escola durante vinte anos. Platão mostrou sua admiração pela força intelectual de Aristóteles apelidando-o de "cérebro". Aristóteles, por seu turno, provavelmente não deixou de influenciar seu professor, e a argumentação estreitamente urdida de alguns dos últimos diálogos de Platão pode perfeitamente dever algo à acuidade lógica de Aristóteles. Ele sempre demonstrou profundo respeito por Platão como ser humano, embora tenha chegado a criticar e rejeitar a teoria das Idéias. O esforço que lhe custou essa rejeição está refletido em sua observação comovente: "Os amigos e a verdade são ambos queridos, mas preferir a verdade é um dever sagrado."

Após a morte de Platão em 347, Aristóteles deixou Atenas e morou por algum tempo em Assos e depois em Lesbos, onde realizou pesquisas zoológicas. Em 343, Filipe II da Macedônia convidou-o para voltar a Pela, capital do reino, a fim de tornar-se preceptor de seu filho Alexandre, então um adolescente de quatorze anos. Ele compôs manuais para seu aluno sobre a *Monarquia* e a *Colonização*, e, a julgar pela carreira posterior de Alexandre, ao menos essa parte de seu ensino parece ter exercido um efeito considerável. E assim Sócrates ensinou a Platão, e Platão ensinou a Aristóteles, e Aristóteles ensinou a Alexandre o Grande, indubitavelmente os nomes mais famosos jamais interligados em tal sucessão. O ensino durou até a designação de Alexandre para sucessor no trono em 340. Alexandre não esqueceu seu preceptor, se podemos aceitar a história de que mais tarde deu uma vultosa dotação à sua nova escola. Essa foi a célebre instituição conhecida como Liceu, que Aristóteles fundou em Atenas em 335, pouco tempo depois da ascensão de Alexandre ao trono da Macedônia.

À semelhança da Academia, o Liceu ocupava o local de um ginásio atlético a certa distância das muralhas da cidade, mas na direção nordeste. Ele tirou seu nome de Liceio, um dos epítetos devocionais de Apolo, que era cultuado num pequeno bosque próximo. Seus membros vieram a ser chamados de "peripatéticos", denominação derivada do *Perípatos* (pátio cercado de colunas) que fazia parte de alguns edifícios escolares, e onde Aristóteles, segundo se diz, caminhava para um lado e para o outro enquanto fazia preleções e liderava discussões. Em sua organização, o Liceu adotou o modelo da Academia, mas desde o início parece que teve mais o jeito de uma instituição de pesquisas. Aristóteles deu ênfase à necessidade de organizar coleções de material como uma base para o estudo sistemático de qualquer espécie, e as coleções do Liceu incluíam manuscritos, mapas e espécimes zoológicos. Dizem que Alexandre cooperou nesse sentido, ordenando por seu império a todos os pescadores e caçadores que mandassem para o Liceu quaisquer espécimes raros capturados. A história da escola pode ser acompanhada até o século II d.C.

Durante treze anos, Aristóteles permaneceu como dirigente do Liceu. Depois de perder sua mulher Pitias, ele passou a viver com Herpílis de Estagira, que lhe deu um filho chamado Nicômaco. O filósofo morreu em 322 em Cálcis (terra natal da família de sua mãe), depois de ser forçado a deixar Atenas por causa de uma explosão de sentimentos antimacedônios após a morte de Alexandre em 323. Como disse Aristóteles espirituosamente, ele se retirou pensando que os atenienses "poderiam pecar duas vezes contra a filosofia". Seu testamento, preservado por Diógenes Laércio, contém cláusulas generosas para os escravos de sua casa e seus próprios parentes, e nas palavras de um biógrafo "proporciona a mais clara evidência de uma natureza grata e afetuosa".

OBRAS

Em seu período platonizante inicial, Aristóteles publicou uma série de diálogos filosóficos, principalmente sobre temas éticos. Essas obras lhe trouxeram reputação como escritor popular dotado de um estilo elegante, mas em sua maior parte se perderam. Sua fama baseia-se agora numa série de tratados de características muito diferentes que ele mesmo não publicou, e que parecem ter permanecido, em sua maioria, desconhecidos até o século I a.C., quando uma edição definitiva foi lançada por Andrônico de Rodes. Essas obras carecem obviamente da graça estilística que adorna os diálogos de Platão. Sempre concisas e às vezes obscuras, às vezes contêm trechos aparentemente muito crus e inacabados. Não há o cuidado de evitar repetições, e o segundo tratamento de um tópico às vezes diverge acentuadamente do primeiro. A explicação mais plausível é que os tratados representam os próprios memorandos de Aristóteles compostos com base em uma leitura em aula, como uma afirmação ponderada do que ele tinha dito. As inconsistências ocasionais seriam explicáveis, então, como "segundas reflexões" quando ele dava novamente a mesma aula.

O catálogo seguinte menciona quase todas as obras autênticas conservadas, na ordem em que aparecem na tradição manuscrita:

(1) OBRAS SOBRE LÓGICA

As obras sobre lógica, de Aristóteles, vieram a ser conhecidas como o *Órganon*, ou "instrumento" de pensamento. Elas incluem as *Categorias* (sobre os tipos de predicados), *Da interpretação* (sobre o julgamento e as proposições), e *Refutações sofísticas* (sobre os argumentos sofísticos, ou seja, capciosos). A contribuição fundamental e totalmente original de Aristóteles à lógica (palavra que ele mesmo não usou) foi a doutrina do silogismo. Sua "silogística" tinha por objetivo proporcionar uma explicação do processo de inferência dedutiva. Foi elaborada definitivamente em detalhes nos *Primeiros analíticos*. Essa obra instituiu a ciência da lógica formal, e também a expôs numa forma que se manteve insuperada até o nosso século. O uso das letras A, B, C etc. para substituir os termos gerais não foi a menos significativa de suas inovações, capacitando-o a estabelecer padrões formais de inferência.

(2) OBRAS SOBRE CIÊNCIAS NATURAIS (FÍSICA)

Elas incluem a *Física* propriamente dita em oito livros, juntamente com tratados sobre o céu, sobre a "geração e corrupção" e sobre meteorologia. A física para Aristóteles era a ciência dos "corpos naturais", que podem existir separadamente, mas não são imutáveis. Graças a seu estudo sistemático sobre a maneira de tais corpos serem produzidos, sobre a maneira de se moverem e de se transformarem, e sobre a maneira de serem destruídos, Aristóteles formulou um sistema do mundo que dominou totalmente o pensamento científico até a Renascença.

(3) OBRAS SOBRE PSICOLOGIA

A série é encabeçada por uma obra geral em três livros *Da alma*, e inclui estudos especiais sobre a sensação, a memória, o sono e assim por diante.

(4) OBRAS SOBRE BIOLOGIA

Graças às suas pesquisas detalhadas em relação ao reino animal, Aristóteles ocupa o lugar de principal naturalista do mundo antigo. A extensa *Investigação sobre os animais* constitui uma introdução geral à zoologia. Aristóteles identificou 495 espécies, esboçando um esquema de classificação, e anotando meios diferentes de reprodução — por exemplo, por nascimento vivo, por ovo, por larvas. A obra contém uma extensa coleção de fatos sobre os animais, incluindo numerosas observações detalhadas sobre insetos e peixes. Três outras monografias tratam das partes, do movimento e da geração dos animais.

(5) OBRAS SOBRE METAFÍSICA

Numerosos ensaios filosóficos iniciados e revistos por Aristóteles em vários estágios de sua carreira foram finalmente coligidos e publicados na Antigüidade (embora não por Aristóteles) sob o título geral e neutro de *Metá-Physiká**. A expressão significa simplesmente "obras depois da *Física*", numa referência à sua posição na antiga edição-padrão de suas obras. Foi o conteúdo dos ensaios que determinou o uso por nós da palavra "metafísica", que o próprio Aristóteles não usou. Seu nome preferido era "filosofia primeira".

O cerne do tratado está nos livros 6, 7 e 8, que desenvolvem o conceito de Aristóteles de Ser e Substância e contêm a discussão da interpretação filosófica da matéria e da mudança. Por sua ampla e duradoura influência, especialmente no pensamento medieval, a *Metafísica* pode ter fundadas pretensões a ser o mais importante tratado filosófico jamais escrito.

(6) OBRAS SOBRE ÉTICA

As éticas (*ethiká**) a Êudemo e a Nicômaco são provavelmente as edições do pensamento ético de Aristóteles feitas por seu amigo Êudemo e seu filho Nicômaco, respectivamente. Existem ainda problemas sem solução acerca da relação precisa entre elas, mas a *A Êudemo* é provavelmente a mais antiga. Os dez livros da *Ética a Nicômaco* representam uma das mais belas contribuições feitas sobre o assunto em todos os tempos.

(7) OBRAS DE POLÍTICA

À semelhança da *Metafísica*, a *Política* é uma coleção de ensaios originariamente independentes. Contém reflexões penetrantes e memoráveis sobre a natureza e a organização da *pólis* grega e continua sendo uma obra seminal na evolução da teoria política.

(8) OBRAS DE CRÍTICA LITERÁRIA

Essas obras compõem-se de três livros sobre *Retórica* e de um livro sobre *Poética*, tratando da tragédia e da poesia épica. Uma seqüência sobre a comédia perdeu-se.

Em seu escopo e originalidade, os tratados representam um feito intelectual nunca igualado e muito menos superado. Não é sem razão que Dante chama Aristóteles de "mestre daqueles que sabem". Se, como parece provável diante da evidência intrínseca, a maior parte de suas obras foi escrita em seu segundo período ateniense quando dirigia o Liceu (aproximadamente 335-323), elas também testemunham uma energia e facilidade de expressão quase sobre-humanas. Nesses doze anos, Aristóteles demarcou as linhas principais ao longo das quais a investigação intelectual continuou a ser feita desde então. Ele tinha algo significativo a dizer sobre a maior parte dos assuntos atualmente ensinados nas universidades modernas. Enquanto seu discípulo Alexandre estava longe da pátria conquistando o mundo, em Atenas Aristóteles estava mapeando o território de um império intelectual que deveria ter efeitos ainda mais duradouros e influentes na história cultural da humanidade.

PENSAMENTO: PERCEPÇÃO E CONHECIMENTO

"Se nada percebêssemos, não poderíamos aprender ou entender nada." Com sentenças como essa, Aristóteles está indicando sua firme crença de que a percepção pelos sentidos é a base do conhecimento. Nisso está em completa oposição a Platão, que não confiava nos sentidos por serem uma fonte de ilusão e negava que a percepção de alguma maneira constituísse conhecimento. Para Aristóteles, uma criatura dotada de sensibilidade é capaz de perceber fatos particulares acerca de objetos reais e é portanto capaz de distinguir aspectos do mundo exterior. Mas o espírito tem de entrar em cena se deve resultar conhecimento. Ele teria concordado com a observação de Kant de que "os sentidos sem pensamento são cegos". Aquilo que percebemos deve ser guardado na memória para comparação com percepções futuras. Com base em uma massa de memórias similares, adquirimos experiência em certas situações perceptivas e somos capazes de fazer generalizações e predições a propósito do meio em que vivemos. Um "céu avermelhado de manhã" torna-se um "aviso ao pastor". Aquela forma de certa maneira rudimentar de conhecimento chamado "sabedoria em relação ao tempo" é o resultado de um grande número de observações das quais inferimos uma regra geral. Essa regra não é ainda uma parte do conhecimento científico porque não dá uma explicação para o fenômeno, mas está em vias de se tornar conhecimento.

Além da indução, havia também para Aristóteles um fator intuitivo na ordenação científica da experiência perceptiva. Bons exemplos disso podem ser vistos na descoberta por Arquimedes da gravidade específica quando viu sua banheira transbordar, ou no reconhecimento por Darwin do princípio da seleção natural nos tentilhões das Galápagos. O salto intuitivo é possível porque há um elemento universal em cada situação perceptiva.

Aristóteles pensava que as ciências podiam e deviam ser constituídas com base na observação refinada pela generalização. Ele próprio fundou a zoologia mediante a observação e a classificação de espécimes individuais. Ele também não perdeu a oportunidade de ampliar a base de sua experiência valendo-se de consultas a peritos em campos especiais e lendo tanto quanto possível. Acatou seriamente opiniões difundidas e "respeitáveis", percebendo que tal consenso pode basear-se em discernimento autêntico. Em tudo isso ele adotou uma abordagem genuinamente empírica do conhecimento.

FILOSOFIA COMO O CONHECIMENTO DAS CAUSAS PRIMEIRAS: OS QUATRO TIPOS DE CAUSA

"Todos os seres humanos têm um desejo natural de conhecer" é a generalização empírica que aparece no início de *Metafísica*, e nunca houve um caçador mais devotado de conhecimento que Aristóteles. Ele explica como a filosofia surgiu da curiosidade em relação ao mundo e afirma que o conhecimento capaz de satisfazer essa sensação de espanto é desejado por sua própria causa e não por qualquer outro motivo. A criação de mitos também surgiu por causa do primeiro espanto, e assim "o apaixonado por mitos é uma espécie de filósofo". Mas os primeiros filósofos foram além do estágio mitológico do pensamento em sua busca de uma explicação inteiramente racional da origem das coisas.

Essa explicação deve ser causal, e assim a filosofia para Aristóteles vem a ser uma busca do conhecimento das causas últimas das coisas. Ele elaborou uma doutrina fundamental no sentido de que há basicamente quatro tipos de causa, e somente quatro tipos: causa material, causa eficiente, causa formal e causa final. Essas causas são os princípios determinantes da origem, existência e inteligibilidade de qualquer objeto dado.

Afirmar a causa material de um objeto é afirmar os constituintes corpóreos a partir dos quais uma coisa passa a existir e que estão presentes nela como um produto. Sua causa eficiente são os meios imediatos pelos quais ela foi levada a existir. Sua causa formal é corroborada quando alguém afirma o padrão ou forma daquilo que tem de ser o objeto em questão — por exemplo, que a forma da oitava é a proporção 2:1 em ondas sonoras. Sua causa final é o término, propósito ou meta para os quais ela foi feita e passou a existir.

O significado desses vários tipos de causa pode ser ilustrado com referência a um objeto feito pelo homem, semelhante a uma estátua votiva. Podemos dizer que explicitamos perfeitamente a estátua quando afirmamos: (1) que é feita de bronze (causa material); (2) que foi concebida e feita por um escultor (causa eficiente); (3) que representa um atleta (causa formal); (4) que foi feita e erguida para comemorar e glorificar um vencedor olímpico (causa final).

Os quatro tipos juntos constituem uma análise completa de todas as condições necessárias para que passe a existir um objeto ou um evento, e assim proporcionar seu conhecimento científico. Deve-se salientar que no uso aristotélico a afirmação da causa de uma coisa é uma afirmação do que ela é essencialmente, e também uma afirmação de como veio a existir. Isso é uma análise de elementos estáticos, tanto quanto dos fatores que lhe deram origem, e constitui uma resposta completa à pergunta: "por que uma coisa é o que é?"

A doutrina tem aplicação universal em ciência e filosofia, e Aristóteles ilustra suas dimensões cósmicas a partir das teorias de seus predecessores. Ele afirma que os filósofos milésios foram muito limitados em sua abordagem porque procuraram a explicação do mundo natural somente em termos de seus componentes materiais. Os pitagóricos foram para o outro extremo, pondo toda a ênfase no número e na proporção (causa formal) às expensas da matéria. Anaxágoras introduziu um princípio novo importante para a explicação quando instituiu o Espírito cósmico como a causa eficiente da origem do movimento, e portanto do mundo como o conhecemos. Platão, diz ele, usou somente causas formais e materiais em sua cosmologia. Aristóteles achou que sua própria filosofia representava a culminância da especulação grega anterior acerca do mundo, porque somente ele deu a atenção devida a todos os quatro tipos de causa.

A BASE CONCEITUAL DO CONHECIMENTO

(A) PARTICULAR E UNIVERSAL

Platão considerava os particulares menos reais que os universais (Idéias). Aristóteles adotou uma abordagem radicalmente diferente para a relação particular/universal. Para Aristóteles, os particulares como Deus, Sócrates e meu cão Toby são as únicas entidades que têm uma existência separada e substancial. Eles são indivíduos, e o indivíduo é uma substância distinta à qual as qualidades e atributos são inerentes. Como tal, o indivíduo é o sujeito supremo de sentenças significativas, e portanto o foco da "verdade". Cada afirmação descritiva deve conter ao menos um universal, e um tipo muito comum de afirmação é aquele no qual um universal é predicado a um particular. Digo, por exemplo, "Toby é um cão", significando que participa de um complexo de qualidades com outros cães. Toby é um particular; "caninidade" ou "natureza canina" é um universal. Sua natureza canina é mais do que apenas a maneira pela qual o vejo. Aristóteles considerava sua natureza canina como algo objetivo e real, mas uma realidade que não existe separadamente dos vários cães particulares que a constituem. Ele não é "uma parte de muitos" (uma Idéia platônica), mas "um entre muitos" (uma essência aristotélica).

(B) POTENCIALIDADE E ATUALIDADE

Essas palavras aparecem abundantemente na explicação aristotélica da mudança. Uma "potencialidade" é a capacidade de um objeto de passar de um estado para outro. Um homem adormecido é potencialmente um homem acordado; um homem com os olhos fechados é potencialmente um homem que vê; um bloco de bronze é potencialmente uma estátua — de maneira que um cadáver, um cego e um balde de água não são. Em geral *A* pode transformar-se em *B* porque algumas das condições para "ser *B*" já estão inerentes nele. Uma maçã madura transforma-se logo em uma maçã podre.

A potencialidade é um conceito necessário para explicar a ocorrência da mudança, mas a mudança não pode ser explicada por si mesma. O conceito de atualidade deve ser também invocado. O atual é a realização do potencial, exibindo uma perfeição superveniente à imperfeição. Na ordem do pensamento, a atualidade precede a potencialidade porque o potencial só pode ser elevado ao nível do atual pela ação de algo real. O potencial está arraigado no atual e o pressupõe. Por exemplo, se tenho agora o potencial para aprender mais do que conheço agora, é porque já conheço alguma coisa. O atual também aparece como anterior ao potencial pela consideração de que é eterno e imperecível (como forma), enquanto o potencial (como matéria) é mais ou menos contaminado pela mutabilidade. Um objeto material pode mudar de lugar, pode alterar-se em tamanho ou qualidade, e pode cessar de existir. Mas a atualidade que possui ou exibe, sendo uma característica essencial ou formal, é por sua própria natureza imune à alteração ou destruição.

Com efeito, aqui Aristóteles está distinguindo duas maneiras pelas quais qualquer objeto dado pode ser visto.Se estamos examinando um objeto do ponto de vista de sua história, olhamos primeiro, na ordem do tempo, para a sua qualidade ou condição imperfeita que precede a atividade realizada ou condição primordial. O embrião é historicamente anterior ao adulto, mas se estamos considerando a natureza atual ou essencial de um objeto isolado de seu processo de desenvolvimento, olhamos primeiro, na ordem de pensamento, para a atualidade que ele incorpora. O adulto é filosoficamente anterior ao embrião. Essa é a abordagem teleológica bem característica de Aristóteles. Para ele, o fruto do carvalho, a glande, explica-se pelo carvalho, e a galinha vem decididamente antes do ovo.

(C) MATÉRIA E FORMA

Os conceitos interligados, mas opostos, de matéria e forma aparecem com muita proeminência na análise do mundo de Aristóteles. No topo da pirâmide da realidade, estão certas formas puras como Deus, e também as "inteligências" que movem e dirigem as esferas celestes de fora. Mas a cada nível mais baixo em todos os corpos está incluída alguma matéria, e sua substância consiste em uma mistura de matéria e forma. A matéria e a forma dos objetos físicos podem ser distinguidas no pensamento, mas não se encontram separadamente na realidade. Ao contrário da forma pura, a matéria não pode existir por si mesma. Ela provê o substrato ao qual a forma é imposta, e isso é feito por ela em vários níveis, e assim está sempre relacionada com a forma e deve ser redefinida em relação à forma em cada nível. Os corpos variam em complexidade, e quando um se move para o topo da escala, o aspecto formal do corpo inferior e mais simples torna-se o aspecto material do superior e mais complexo. Por exemplo, para o metalurgista o bronze é a forma que produz misturando a matéria do cobre e a do estanho nas proporções certas, mas para o escultor o bronze é a matéria à qual ele impõe a forma de sua estátua. Os "corpos simples", ou "elementos" — fogo, ar, terra e água —, estão na parte mais baixa da escala, mas ainda são até certo ponto complexos por consistirem num substrato de "matéria-prima" que recebeu uma certa forma graças à presença de certos pares de "opostos" primários — calor, frio, secura e fluidez. Minerais como o ouro chegam a um certo nível mais alto de organização, da mesma forma que tecidos vivos tais como a carne e os tendões. Os tecidos, por sua vez, suprem o material para partes superiormente formadas tais como os olhos e o fígado. O animal é uma unidade ainda mais complexa, onde o elemento formal é representado pela "vida" ou "alma" e o elemento material pelos órgãos e sentidos.

A forma, como a matéria, encontra-se em vários níveis de complexidade e tem uma série correspondente de significações. Às vezes não significa mais que "forma visível", como no caso de uma estátua. Mas com maior freqüência Aristóteles usa "forma" no sentido de "natureza mais recôndita" ou "estrutura inteligível" de uma coisa. A forma pode ser enunciada em uma fórmula ou definição (*lógos*). Ela constitui a "essência" permanente que persiste, embora outros aspectos seus possam mudar. Sócrates, por exemplo, tem uma essência permanente como "animal racional", embora a cor de seus cabelos ou a força de seus membros possa variar em estágios diferentes de sua vida.

ARISTÓTELES SOBRE A SUBSTÂNCIA

Em resposta à pergunta "Onde está Sócrates?", pode-se dizer que está no ginásio, ou na praça do mercado, ou em sua casa. Todos são lugares onde ele pode ser encontrado, e assim todas as respostas enquadram-se numa categoria única, a de *lugar*. Se se perguntasse que espécie de homem ele é, poder-se-ia dizer obstinado, ou inteligente, ou bem-humorado, recorrendo para a resposta à categoria de *qualidade*. Essas perguntas pressupõem que há uma entidade chamada Sócrates que exibe várias qualidades e pode ser encontrada em lugares diferentes e em ocasiões diferentes. Elas não são a pergunta última sobre Sócrates. Esta deve ser a pergunta: "Que é Sócrates?", e para ela a resposta última é: "Um homem (ser humano)." Aristóteles classifica essa resposta na categoria de substância, e põe essa categoria no topo de sua lista de categorias. Ele aduz algumas razões de certa forma inconvicentes para a prioridade da substância. Em última análise, parece que apenas sentiu que as coisas individuais são substâncias, e que sua substancialidade é o fato primordial e absoluto de seu ser, tendo prioridade sobre quaisquer qualidades que possam ter ou quaisquer relações em que possam entrar. Numa frase famosa ele acentua que "a eterna pergunta 'Que é o ser?' na realidade corresponde à pergunta 'Que é a substância?'"

Seu problema principal, então, é tentar definir o elemento substancial em uma coisa individual, e para isso desenvolve argumentos poderosos para igualizar substância e essência, ou causa formal. Concordou-se que esta é a substância que faz as coisas serem o que são. Se perguntamos, por exemplo, o que transforma uma variedade de materiais numa casa, a resposta deve ser que ela serve de abrigo para seres humanos e seus bens, ou seja, tem a forma de uma casa. Esta é sua causa formal ou essência. Uma casa é uma coisa feita pelo homem e corporifica a intenção de seu construtor. Assim, neste exemplo (como em todos os artefatos), a causa formal é a mesma que a causa final. A casa abriga as pessoas porque foi imaginada para isso. A essência de uma coisa não deve ser entendida de nenhuma maneira materialística. Ela não é outro componente material em adição àqueles já existentes como parte da coisa. Tampouco consiste em componentes materiais. Como forma imanente ela tem uma natureza imaterial. Ela é o princípio de estrutura, o princípio que transforma um simples agregado de materiais num todo organizado. Como diz Aristóteles, a sílaba BA é mais do que apenas o elemento A acrescentado ao elemento B. Ela é um novo composto com estrutura própria, e cessa de existir quando é decomposta em seus elementos, com tanta certeza como uma casa cessa de existir quando reduzida a um monte de materiais de construção. Os elementos são os constituintes materiais nos quais as substâncias se decompõem quando perdem sua substancialidade.

A ESTRUTURA DO UNIVERSO

Aristóteles não se viu diante do problema de explicar a origem do universo físico porque o considerava eterno, mas tinha algo significativo a dizer acerca de cada um de seus outros aspectos. Em seus tratados físicos apresentou uma explicação de sua estrutura e componentes que foi a concepção aceita por todas as pessoas pensantes até o surgimento da astronomia moderna baseada nas obras de Copérnico e de Galileu.

Na opinião de Aristóteles, havia somente um universo esférico em sua forma e finito em sua extensão. Ele rejeitou a teoria atômica da matéria e a noção do vazio. Os corpos, pensava, podiam ser divididos em qualquer parte, mas não podiam ser finalmente dissociados em átomos, e ele via a matéria como sendo extensa numa continuidade através do universo, não deixando qualquer espaço vazio. Como centro do universo ele pôs o globo terrestre, fixo e imóvel. Aceitou estimativas contemporâneas de sua circunferência como sendo de cerca de 64 mil quilômetros, que considerava pequena em relação ao tamanho dos outros corpos celestes. Defendeu vigorosamente sua forma esférica, em parte argumentando que os corpos pesados tendem para o centro e assumem naturalmente a forma esférica, e em parte por perceber indicações tais como a sombra curva projetada nos eclipses, e as alterações substanciais no mapa estelar à proporção que percorremos distâncias muito curtas para o norte ou para o sul. Ele inferiu corretamente que essas alterações são devidas à curvatura acentuada da superfície da esfera muito pequena da qual fazemos nossas observações do firmamento.

O globo terrestre, pensou, é composto em grande parte do elemento terra (que é frio e seco) e tem em sua superfície a água (que é fria e fluida). Ele é envolvido por um terceiro elemento, o ar (que é quente e fluido), e envolvendo tudo há finalmente a esfera de fogo (que é quente e seca). O elemento terra tem uma tendência natural para afundar, e por isso moveu-se para baixo a fim de ocupar o centro do universo, ficando em repouso em uma massa fixa e imóvel. O elemento fogo, por outro lado, tem uma tendência natural para elevar-se, e portanto se moveu para fora para a sua posição presente. Mas o movimento natural dos elementos não resultou em sua separação total, e eles continuam a interpenetrar-se consideravelmente. Quando entram em contato, um elemento é capaz de transformar outro, e isso é uma causa maior de mudança natural. Empédocles, pensou Aristóteles, estava errado ao considerar imutáveis as quatro "raízes". Por exemplo, quando o fogo encontra o ar, a fluidez do ar pode modificar a secura do fogo a tal ponto que todo o fogo, ou parte dele, se torna realmente ar. A água e a terra também têm afinidade por meio de sua frieza, e quando entram em contato uma ou outra pode ser transformada na outra por uma ligeira alteração no equilíbrio entre sua fluidez e frescura respectivas.

As espécies naturais na superfície do globo terrestre, tais como as plantas e os animais, são compostos de quantidades variáveis dos quatro elementos. Como substâncias sensíveis compostas estão sujeitas a quatro espécies de mudança: (1) podem vir a ser e deixar de ser (mudança de substância); (2) mudam de cor, amadurecem, tornam-se macias ou duras etc. (mudança de qualidade); (3) tornam-se maiores ou menores (mudança de quantidade); (4) movem-se em volta (mudança de lugar). A causa eficiente última dessas mudanças é o Sol, ou mais especificamente o movimento do Sol enquanto se aproxima ou se afasta alternadamente da Terra em sua marcha anual através do céu.

Todos esses tipos de mudança à exceção da última estão confinados à esfera terrestre ou sublunar. Acima da esfera da lua, encontra-se uma ordem diferente de ser, na qual há substâncias que são sensíveis, mas eternas. Esses são os corpos celestes — o sol, a lua, os planetas e as estrelas. Eles não contêm qualquer dos quatro elementos terrestres em sua composição, mas são constituídos de um quinto elemento superior (quintessência) chamado éter. Ele é diferente dos outros elementos por não conter "opostos", e não admite qualquer espécie de mudança ou alteração, exceto a mudança de lugar. Ele se move, mas somente em círculos.

As estrelas e os planetas são imperecíveis e portanto "divinos", e Aristóteles concorda com Platão no sentido de que o seu movimento deve ajustar-se sempre a uma padrão de movimento perfeito, ou seja, movimento em círculo. Já que os planetas não se ajustam aparentemente a esse requisito, Platão propôs a seus colegas da Academia o problema de imaginar uma teoria para "salvar as aparências". Isso deveria ser feito mediante a demonstração de que desvios aparentes, tais como o movimento retrógrado dos planetas em relação às constelações, eram ilusórios e não reais. Chegou-se ao resultado desejado graças a um sistema complicado de esferas concêntricas impelindo os corpos celestes com seus pólos inclinados em ângulos diferentes, e girando com velocidades diferentes. Por uma proeza estupenda de cálculo matemático, os movimentos observados eram então explicados em termos de transformações dos movimentos circulares reais.

Aristóteles aceitou o princípio dessa explicação, e propôs não menos de cinqüenta e cinco esferas para justificá-lo. A esfera mais longínqua era o céu das estrelas fixas, em rotação incessante a uma velocidade altíssima, e comunicando esse movimento para baixo e para dentro por meio de esferas mais baixas.

Nesse ponto, a física e a astronomia fundiram-se com sua teologia. Ele argumentou que o movimento primário do céu mais distante não poderia ser produzido sem a existência de uma substância eterna cujo verdadeiro ser é a atualidade, e que portanto é totalmente imaterial. Essa linha de raciocínio levou-o à sua famosa concepção do motor imóvel — Deus —, que é pura forma isenta de qualquer matéria. Deus não é uma parte do universo, e não está no espaço nem em movimento. Mas Deus é a causa última do movimento, pois o céu das estrelas fixas anseia por Deus, e essa aspiração intensíssima por Deus, esse desejo de chegar tão perto quanto possível da beleza e da perfeição da Forma pura, dá início ao movimento circular da esfera mais afastada. Aristóteles resumiu sua teoria numa frase célebre que veio a ser uma fonte maior de inspiração para Dante:

> Ele causa o movimento como um objeto de desejo, e o céu que é movido move tudo mais.

Essa prova puramente racional da existência de Deus é uma variante do argumento tirado da contingência do mundo a uma primeira causa necessária. Ela enfatiza o "empuxo vindo da frente", o empuxo da forma sobre a matéria, do atual e do potencial, e representa a culminância de seu modo teológico de pensar.

Sendo Deus imaterial, a atividade de Deus deve ser intelectual, e ele deve ter em vista o melhor objeto possível, que não pode ser outro senão Ele mesmo. O pensamento quando completamente atualizado possui seu objeto e se mistura com ele, de tal forma que Deus, como o pensamento do pensamento, mistura-se com Ele mesmo. Ele é pensamento pensando-se a si mesmo, mas na concepção de Aristóteles Ele é mais que pensamento, pois a atualidade do pensamento é a vida, e Deus como atualidade deve ser ativamente vivo:

> Dizemos, então, que Deus é um ser vivente, eterno, perfeito em sua bondade; a vida e a duração, contínuas e eternas, pertencem a Deus, pois isso é o que Deus é.

O Deus de Aristóteles não é um Deus criador, já que o mundo coexiste eternamente com Ele. Não se diz que Ele se interessa pelo mundo e dedica amor à humanidade. Como os deuses de Epicuro, Ele existe acima e além do mundo, num estado transcendente de contemplação cheia de beatitude, friamente desligado de nossa maneira de pensar. Mas, para Aristóteles, a bondade das coisas em nosso mundo sublunar é em última instância derivada dEle, já que Ele é o fim ou a meta à qual elas se esforçam por chegar enquanto se esforçam por desenvolver-se além da mera potencialidade da matéria no sentido da realização da forma.

FILOSOFIA PRÁTICA

(A) A NATUREZA DA FELICIDADE OU BEM-ESTAR

Em seus tratados de filosofia prática, Aristóteles propôs como seu alvo a definição das condições do bem-estar humano e a afirmação de como esse "bem" pode tornar-se realidade no indivíduo e na sociedade. Sua *Ética* é um estudo dos fatores no caráter que conduzem ao bem-estar (*eudaimonia**) do indivíduo. Na *Política*, ele pesquisa a maneira de as comunidades políticas se organizarem a fim de proporcionarem o "bem para o homem". Esse bem é o mesmo em gênero para o indivíduo e para o corpo de cidadãos. Ele é o que há de melhor a ser assegurado ao indivíduo, mas a ciência da política não se realiza completamente a não ser que o bem seja compartilhado por toda a comunidade.

Vou concentrar-me na *Ética* porque, em minha opinião, ela contém grande parte do material que ainda é muito relevante para o estudo da conduta. A *Política* é de grande interesse histórico, mas está inevitavelmente um tanto ultrapassada, já que sua perspectiva é grandemente limitada pelas condições da *pólis* grega. Entretanto, continua a ser valiosa por sua análise da natureza da cidadania e por sua exposição dos vários tipos de constituição, desde a monárquica até a democrática. As ponderações sobre a classe média como uma influência estabilizadora na comunidade são especialmente interessantes, e ele teve uma percepção aguda da natureza da luta de classes em sua época entre os ricos (oligarcas) e os pobres (democratas). Em teoria, ele se manifesta a favor do "domínio dos melhores", mas na prática parece inclinar-se para as formas democráticas como tendo maiores possibilidades de assegurar o "domínio da lei", ponto de vista resumido em sua observação sentenciosa: "Os convidados são melhores juízes da refeição que o cozinheiro."

Aristóteles adotou como axiomático que cada ação visa a realizar algum bem, e que há um *summum bonum*, ou bem supremo, que é o objetivo mais elevado da atividade humana. Aceitou a noção comum de que esse bem supremo é a "felicidade" ou "bem-estar". Prefiro "bem-estar" como tradução do grego *eudaimonia*, porque em nosso mundo moderno "felicidade" tende a ser igualada a júbilo momentâneo, ou alegria, ou à euforia temporária associada a "estar apaixonado". Enquanto esses estados de alma são agradáveis, Aristóteles não os menospreza, mas procura uma base mais sólida e permanente para o contentamento humano.

O prazer, pensa, é um elemento do bem-estar, mas não constitui sua essência, e a busca do prazer não deve se tornar o objetivo principal da vida. Ele também rejeita a noção de que uma vida devotada a ganhar dinheiro produzirá por si mesma o bem-estar. A prosperidade razoável é um pressuposto da ventura, mas a riqueza não pode ser o bem supremo por ser essencialmente um meio de chegar a outros bens. Tampouco pode a "honra" (no sentido de reconhecimento pela sociedade) ser o bem supremo, por ser um bem exterior proporcionado por outras pessoas, enquanto o bem-estar deve vir de dentro da personalidade de quem o tem.

Ele chega à sua própria concepção de bem-estar contemplando a vida humana na perspectiva de toda a vida. As plantas e os animais também têm vida e compartilham as funções de nutrição e reprodução com os seres humanos. Os animais e os seres humanos estão num plano mais alto que as plantas porque podem perceber e mover-se, mas o poder de percepção e movimento não está de forma alguma confinado aos seres humanos. Então Aristóteles pergunta se há algum poder ou função restritos apenas aos seres humanos, e que sirva para distinguir o gênero humano do reino animal. Ele encontra essa característica distintiva na capacidade de raciocinar do homem, que aparece tanto em sua resposta à razão como no exercício da razão. Já que o elemento racional ativo é peculiar ao homem, serve para definir sua própria função, que é viver ativamente de acordo com a razão.

Um homem bom é aquele que exerce com sucesso suas funções, e assim ele mesmo se realiza. Consegue isso elevando sua vida até a mais alta excelência de que é capaz, vivendo bem e realizando o bem-estar.

Os pontos principais da discussão estão reunidos numa definição formal do bem para o homem, nos seguintes termos:

> O bem [bem-estar ou felicidade] para o homem é uma atividade da alma de conformidade com sua própria excelência [ou seja, de acordo com a virtude].

A definição é complementada com a adição da frase "em uma vida inteira" para reforçar a afirmação de que um momento de felicidade não constitui bem-estar.

Aristóteles enfrentou assim o desafio de definir a essência do bem-estar, mas admite que sua definição proporciona apenas um esboço, e que necessita adquirir configuração mediante uma discussão sobre a natureza das excelências ou virtudes humanas, de acordo com as quais a atividade humana deve se realizar.

Mas antes de dar seqüência a essa discussão, ele põe à prova sua definição comparando-a com as noções aceitas sobre a ventura humana. Esse é seu método típico. Ele se vê aperfeiçoando em vez de rejeitando os pontos de vista do senso comum. A definição resiste porque encontra o bem-estar na alma e não nos bens exteriores ou do corpo. Ele também admite que o prazer é um dos componentes do bem-estar porque o prazer se relaciona com a atividade. Mas o mérito principal de Aristóteles é enfatizar que a atividade é a verdadeira essência do bem-estar, o que está de acordo com a prática adotada nas Olimpíadas, onde a coroa da vitória é dada não ao competidor mais belo e sim ao que compete e vence.

(B) EXCELÊNCIA MORAL: O "MEIO-TERMO ÁUREO"

Aristóteles considerava as virtudes morais como disposições ou atitudes para a ação, adquiridas mediante o exercício e aperfeiçoadas pela prática.

Ele as comparava com a perícia de um artífice ou de um artista. Da mesma forma que um homem se torna um construtor ao construir casas ou um músico ao tocar instrumentos musicais, ele se torna audaz praticando ações audaciosas, e moderado ao agir moderadamente. Acentuou a importância do hábito no desenvolvimento da excelência moral. As pessoas não nascem boas, mas nascem com a capacidade de se tornarem boas, e conseguirão isso se desenvolverem as disposições apropriadas mediante a prática reiterada de boas ações.

Para serem moralmente boas, essas ações devem ser praticadas cônscia e deliberadamente, e devem ser escolhidas por sua própria causa, porém a condição mais importante de todas é que as ações decorram de uma disposição fixada por um hábito do espírito ou de caráter. Uma ação generosa não credencia uma pessoa a ser chamada de generosa. Pode ter sido praticada sob um impulso; pode até ter sido um equívoco. As ações de uma pessoa generosa são predizíveis porque se originam de um hábito generoso do espírito. Da mesma forma, as ações de um bom jogador de cartas são predizíveis porque ele adquiriu a habilidade de reagir apropriadamente a uma situação dada. A mesma análise aplica-se a todas as virtudes morais, desde a generosidade até a justiça. Como uma pessoa pode saber se esteve presente a disposição virtuosa? Uma prova cabal é a quantidade de prazer ou desgosto que acompanha a ação. Se a pessoa não gosta de ser generosa, ou acha difícil ser comedida, não adquiriu a virtude, embora possa ter praticado uma ação virtuosa. Se, ao contrário, a pessoa se alegra com a prática da virtude em questão, então adquiriu aquela excelência especial. O prazer é a prova de um hábito formado. As pessoas pontuais gostam de ser pontuais!

O problema seguinte é descobrir um critério para avaliar qual é a conduta correta ou virtuosa em qualquer situação dada, e Aristóteles o resolve com sua famosa doutrina do "meio-termo áureo", como veio a ser chamada. O "meio-termo" é literalmente um "ponto médio"; pressupõe extremos. Um meio-termo pode ser determinado aritmeticamente, mas nas ações que constituem a conduta deve-se ter em conta os fatores subjetivos. Por exemplo, o que é muito alimento para mim pode ser muito pouco para um atleta vigoroso. Não obstante, até mesmo um meio-termo subjetivo situa-se entre seus próprios extremos. Aristóteles aduz várias razões pelas quais devemos visar ao meio-termo na conduta. Existe a ponderação do senso comum de que os extremos tendem a ser prejudiciais ou mesmo destrutivos. Alimento ou exercício demais pode ser tão prejudicial para uma pessoa quanto de menos. O meio-termo ajustado às necessidades da pessoa proporciona a saúde. Há também a consideração estética. O mestre de qualquer arte ou habilidade evita excesso ou falta, e escolhe o que é intermediário. A marca de uma boa obra de arte é que nada possa ser acrescentado ou tirado dela sem estragá-la. Ela é exatamente certa. Finalmente há o critério do sucesso ou do fracasso. Há muitas maneiras de errar nas contas, mas somente uma para acertar. O sucesso em achar o meio-termo é difícil, mas o fracasso é fácil demais. O agente moral numa situação dada pode ser comparado com um arqueiro que pretende atingir o alvo. É fácil atirar longe demais ou perto demais; difícil é atingir o alvo, mas isso constitui o sucesso.

À luz de todas estas considerações torna-se claro que o meio-termo é a *forma* apropriada que o agente moral impõe à matéria da ação moral. Como tal, ele constitui a essência ou causa formal de uma ação moral. A causa eficiente da ação é a escolha deliberada do agente de agir ou reagir de uma certa maneira. Sua escolha deve ser feita livremente e ele deve compreender o que está fazendo. A causa material é a matéria-prima da ação que consiste em emoções espontâneas e amorfas tais como a cólera, o temor, a piedade, ou ações básicas como comer, ganhar, gostar, elogiar, censurar. São esses os ingredientes que podem estar presentes na conduta em excesso ou em falta. O homem tímido sente mais temor que o justificável diante do perigo, o homem arrebatado não sente o bastante. O homem irascível reage com vigor excessivo quando provocado. A crítica pode ser enunciada com veemência excessiva ou insuficiente. Em todos esses casos o excesso da emoção ou da ação constitui um erro ou mau hábito, e o mesmo acontece com a insuficiência no outro extremo. O difícil é perceber o meio-termo: achar ou ter a noção da delicada sensação do perigo, o orgulho cabível, a ira justa, a palavra certa no momento certo.

O meio-termo é determinado pela razão certa encarnada no homem dotado de sabedoria prática. O que não representa uma concessão entre dois vícios, mas uma solução essencialmente correta para um problema de ordem prática. Uma vez determinado, os defeitos de excesso e falta tomam forma em relação a ele. Por exemplo, o homem corajoso delibera e escolhe uma certa conduta de ação reagindo a um perigo iminente, e sua ação incorpora a virtude da coragem. Aqueles que se desviam acentuadamente em sua reação passam a ser considerados temerários ou covardes.

(C) EXCELÊNCIA INTELECTUAL

A excelência intelectual é um componente ainda mais importante do bem viver do que a excelência moral. Aristóteles insiste em que necessitamos de prudência, ou sabedoria prática, para apreciar corretamente os fatores em qualquer situação em que é necessária a ação moral. É a virtude que nos capacita a selecionar os meios certos para atingir nossos objetivos desejados. Como tal, trata de situações e problemas concretos que requerem deliberação, e opera na esfera do fato contingente. À semelhança das virtudes morais, é uma disposição para fazer boas escolhas, e pode ser melhorada e fortalecida pela prática. Ela é uma virtude da parte completamente racional da alma.

Sócrates via todas as virtudes como processos racionais ou formas de conhecimento. Aristóteles criticou esse modo de ver, achando-o excessivamente intelectual. Em sua opinião, Sócrates não deu a atenção devida a fatores irracionais e semi-irracionais na moralidade, tais como desejo e hábito. Mas até certo ponto se alinhou com Sócrates ao tratar o feitio moral de uma pessoa como uma totalidade de disposições cuja unidade é formada pela sabedoria prática. Ma há outra excelência da alma racional à qual Aristóteles atribui um valor ainda mais alto que à sabedoria prática. Trata-se da sabedoria especulativa ou teórica, que opera no âmbito do que é universal e necessário em vez de contingente. Com sua ajuda, contemplamos os aspectos mais nobres do mundo e percebemos verdades acerca de sua constituição e natureza eternas. Esse tipo de sabedoria vai além da sabedoria prática, cujo objetivo se limita à realização do bem para o homem. É a excelência específica do filósofo que eleva seu olhar para a esfera celeste e tenta entender o mundo como um todo.

Aristóteles admitia que os filósofos podem ser menos práticos que os homens cuja visão é mais limitada. O filósofo pode saber que os alimentos leves são facilmente digeríveis e portanto benéficos, mas pode não ser bom para distinguir esses alimentos no mercado. O homem que sabe simplesmente que a galinha é benéfica pode ter uma dieta mais saudável. Ele também menciona outro indício interessante da diferença entre os dois tipos de sabedoria. Jovens-prodígios em matemática (e podemos acrescentar xadrez) aparecem de tempos em tempos, mas nunca ninguém vê estadistas adolescentes. Isso acontece porque a habilidade matemática (e a excelência em xadrez) dependem de perspicácia em relação à forma, à estrutura e à habilidade de calcular rápida e logicamente. A condição de estadista requer uma experiência mais amadurecida da vida e da natureza humana do que é possível para uma pessoa jovem. Vemos ainda Aristóteles divergindo de Platão quanto a esse ponto. O rei-filósofo de Platão deve tornar-se um metafísico altamente preparado antes de ser admitido a administrar um Estado. Aristóteles aceita que a habilidade em política prática depende de um tipo de capacidade intelectual diferente daquela do cientista ou do filósofo.

Embora Aristóteles fosse um estudioso perspicaz de política, seu coração estava mais na vida contemplativa do que na vida ativa. Ele se torna excepcionalmente eloqüente ao descrever a felicidade que uma vida devotada à contemplação filosófica pode trazer. A parte mais elevada da natureza humana é a razão, e a parte mais nobre da razão é a parte teórica ou especulativa. Ser ativo e bem-sucedido em teorizar é atingir a mais alta excelência de que os seres humanos são capazes, e portanto constitui a mais elevada forma de bem-estar. De todas as atividades humanas é provavelmente a que menos se deve cercear e a que mais provavelmente perpetuará quem a exerce. A vida devotada ao raciocínio contemplativo preenche as duas condições necessárias à felicidade: é suficiente por si mesma e desejável por si mesma. Em contraste, uma vida devotada à atividade política ou militar não proporciona o lazer e tem por objetivo fins posteriores. A atividade intelectual pode ser exercida no lazer e sem fadiga. Se lhe acrescentarmos uma duração perfeita da existência, será sem dúvida alguma a vida absolutamente feliz para o homem.

Em certo sentido, pensa Aristóteles, essa vida será boa demais para seres humanos. Eles a gozarão na virtude de um elemento mais que humano em sua configuração, o elemento da razão divina. Eles não prestarão atenção à advertência tradicional grega para agir com prudência, para ter pensamentos de mortais e para não se intrometer em assuntos elevados.

> Até onde depende dele, um ser humano deve aspirar à imortalidade e deve esforçar-se para viver de acordo com o elemento dominante em sua natureza.

Aristóteles sugere, de certo modo paradoxalmente, que esse elemento, que ele pouco antes chamara de divino, é o verdadeiro "eu" de uma pessoa, e que uma vida devotada à indagação intelectual é a vida apropriada para um ser humano, "se é verdade que o intelecto mais que qualquer outra coisa é o homem". Esse raciocínio é a culminância do humanismo científico de Aristóteles.

EPÍLOGO

A *República* de Platão ostenta uma mistura variada e encantadora de psicologia, ética, teoria política e metafísica, todas destinadas a atrair e inspirar o leitor. A abordagem de Aristóteles é muito diferente. Ele acreditava que devia ater-se a um assunto de cada vez, com o objetivo de oferecer uma análise metódica e completa de cada tópico, e de atingir uma clareza de exposição "com os pés na terra". Ao contrário de Platão, ele não considerava a "filosofia primeira" como o pináculo das ciências, com a certeza como seu primeiro requisito. Em sua *Metafísica*, é geralmente favorável a uma abordagem muito pouco dogmática, levantando problemas e ao mesmo tempo sugerindo soluções, e usando uma análise cuidadosa do significado para extrair uma formulação mais precisa da verdade das opiniões aceitas, mas vagamente expressas.

Uma de suas contribuições mais duradouras foi o desenvolvimento da terminologia filosófica. Quando usamos distinções e antíteses como "universal" e "particular", "premissa" e "conclusão", "sujeito" e "atributo", "forma" e "matéria", "potencial" e "atual", estamos empregando ferramentas de pensamento forjadas pela primeira vez por Aristóteles.

Ele relutou em apresentar ou defender qualquer ponto de vista que divergisse flagrantemente do senso comum, mas ao mesmo tempo suas especulações estavam longe de ser triviais ou óbvias. Quase sempre conseguiu impor uma interpretação vigorosamente nova a qualquer tipo de material que manipulou. A tendência de seu espírito era mais empírica que idealística. Foi o sucessor autêntico dos primeiros filósofos jônicos em sua devoção à pesquisa e em sua concentração em objetos particulares no mundo exterior. "Em cada produto da natureza", disse ele, "há algo para despertar nossa admiração."

10. AS ESCOLAS HELENÍSTICAS: ESTÓICOS, EPICURISTAS E CÉTICOS

O CARÁTER político da Idade Helenística foi esboçado na Introdução. A súbita expansão do mundo grego, resultante das vitórias de Alexandre, criou inevitavelmente algo parecido com um vácuo religioso e cultural. Os deuses mais antigos e as tradições começaram a parecer cada vez menos relevantes diante das novas rivalidades da alta política do poder. O povo necessitava de novos códigos e credos para viver, e a necessidade foi em grande parte suprida pelos dois novos grandes sistemas filosóficos: o estoicismo e o epicurismo.

Ambos os sistemas tiveram origem em Atenas no início do século III a.C., ambos se expandiram rápida e largamente, e ambos se tornaram influentes nos círculos romanos à proporção que o poder de Roma se expandia para o leste a partir da metade do século II a.C. Cada um deles era uma compilação de idéias bem organizada e ricamente estruturada que se abeberou consideravelmente nos tesouros da especulação filosófica grega anterior. Cada um deles era basicamente um sistema ético, nitidamente dirigido para o indivíduo e proporcionando a seus adeptos um conjunto de preceitos pelos quais podiam ordenar e dirigir suas vidas. Embora cada um se fundamentasse numa visão claramente diferente da natureza do mundo exterior, o resultado prático de ambos para a conduta não foi muito diverso. Cada um era uma tentativa consistentemente racional para solucionar os problemas do relacionamento do homem com seu meio, e cada um pretendia oferecer uma fórmula para uma vida cheia de felicidade e satisfação.

Ambos os sistemas possuíam um atrativo universal porque romperam com as circunstâncias mais antiquadas e limitadoras da vida na cidade-estado. O estoicismo estava sintonizado com o "cosmopolitismo" dos tempos novos, e o epicurismo com seu "individualismo". O epicurista tinha de prometer fidelidade a Epicuro como seu único mestre e mentor. Essa nova espécie da lealdade a uma pessoa livrava-o dos antigos laços cívicos que já não eram úteis nem adequados. Ela deixava-o livre para buscar sua felicidade pessoal num afastamento claustral de um mundo político estranho que ele não podia controlar ou compreender. O estóico pôde também sobrepor-se às antigas lealdades com sua pretensão cosmopolita de ser um membro da raça humana, conceito estimulado pelo novo caldeamento da humanidade promovido pelas conquistas de Alexandre. Ele já não era apenas um ateniense ou um espartano, mas um "cidadão do mundo", não sujeito a leis e costumes locais, mas obediente ao governo da razão e das leis naturais.

O ceticismo, a terceira escola helenística importante, desenvolveu-se, ao menos em parte, como uma reação às opiniões dogmáticas das outras duas escolas, e também prometia paz de espírito a seus adeptos em troca da opção por desistir da busca daquilo que era considerado um conhecimento inatingível.

OS ESTÓICOS

A ESCOLA ESTÓICA

A escola estóica foi fundada em Atenas no fim do século IV a.C. por um cipriota chamado Zenão (335-263 a.C.), chegado a Atenas em 313, onde sofreu fortemente a influência dos cínicos, que eram seguidores de Sócrates. Zenão desenvolveu então seu próprio sistema, que começou a expor publicamente a partir de cerca do ano 300. Costumava fazer preleções num pórtico (*stoá* *) chamado Pórtico Pintado, e o nome "estóico" derivou dessa circunstância. Zenão era muito admirado e respeitado pelos atenienses, e os discípulos que atraiu formaram a escola estóica. A escola nunca foi tão firmemente organizada como a Academia, mas continuou a existir sob uma sucessão de escolarcas até no mínimo 260 d.C.

Desde o início, o estoicismo foi um sistema dogmático, e Zenão o organizou sob os três títulos principais de lógica, física e ética. Nos círculos estóicos comparava-se a filosofia a um campo carregado de frutas confinado pela cerca da lógica. A cerca destinava-se a proteger dos ataques dos céticos, mostrando que o conhecimento da realidade é possível. O solo do campo representa a física, um assunto que se esperava que o filósofo cultivasse a fim de entender a natureza do mundo. A colheita era o tipo de conduta esperada do sábio estóico, no qual a razão dominava e a emoção foi suprimida. Ainda usamos a palavra "estóico" para caracterizar alguém que não se deixa perturbar pelo triunfo ou pelo desastre.

A DOUTRINA ESTÓICA

(A) LÓGICA

O termo "lógica" parece ter sido criado pelos estóicos, e os estóicos mais antigos eram lógicos sutis, cuja obra sobre a natureza das proposições e da inferência atraiu o interesse e o respeito dos especialistas modernos em lógica simbólica.

Havia, entretanto, um lado mais abrangente e menos técnico em sua lógica, lado que hoje seria chamado teoria do conhecimento. Seguindo o exemplo de Aristóteles, os estóicos começaram por elaborar uma justificação empírica do conhecimento, fundamentando-o em percepções válidas, e então delineando os estágios psicológicos graças aos quais essas percepções se transformam em conhecimento assegurado.

Começaram por postular a existência de objetos externos que agem sobre os sentidos para produzir "aparências" no espírito (eles também reconheceram que o espírito pode gerar "idéias", ou aparências mentais, por sua própria atuação e independentemente de qualquer estímulo direto dos sentidos). O espírito, diziam eles, responde com "assentimento" às impressões produzidas por meio dos sentidos quando assinalam claramente a presença de um objeto que pode ser compreendido. O que torna um objeto compreensível é a presença da "claridade" ou "nitidez" na impressão por ele gerada. Essa qualidade de "claridade" é correspondida da parte do sujeito que percebe por uma resposta que eles chamam de "compreensão". A compreensão é uma resposta perceptiva a um objeto realmente existente, e deve ser cuidadosamente distinguida da opinião, que não é tão seguramente fundada na experiência do que é externo. A compreensão proporciona o "critério (*kritérion**) da verdade."

O alcance empírico da epistemologia dos estóicos não pode ser suficientemente enfatizado. Eles se anteciparam a Locke na descrição do espírito na infância como uma *tabula rasa*, ou "lousa limpa", na qual as impressões, à proporção que aparecem, são registradas. A memória é constituída por esses "traços", e o espírito passa a ser equipado com noções gerais por meio da atividade da razão, que põe em ordem as impressões e assinala similaridades entre elas.

Em suas preleções públicas, Zenão costumava ilustrar os vários estágios da percepção até o conhecimento irrefutável com uma série de gestos. Primeiro estendia um dos braços com os dedos da mão esticados e separados. Isso simbolizava a primeira tentativa de contato entre o espírito e o mundo exterior. Então começava a dobrar os dedos agora juntos para significar o assentimento crescente, até finalmente os dedos e o polegar se juntarem para "fazer um punho", o que significava o momento da compreensão. Finalmente aproximava sua outra mão por cima e pegava o "punho" com ela para simbolizar a função do raciocínio filosófico de reforçar e "segurar" o conhecimento até o ponto em que não pode ser tirado do espírito. Devemos a descrição da cena a Cícero, e ela nos leva na imaginação até bem perto de um dos grandes professores do mundo antigo.

(B) FÍSICA

A visão estóica do mundo era tecnicamente materialista. Os estóicos afirmavam que todas as coisas realmente existentes são corpóreas. Para agir ou ser objeto da ação, qualquer coisa existente deve ser dotada de corpo. Isso se aplica à alma humana e também a Deus. Mesmo uma qualidade abstrata como a bondade era considerada um estado ou condição do material que constitui a alma.

Mas eles evitaram uma visão mecaniscista das operações da natureza. O mundo, afirmavam, é o produto de um princípio ativo ao qual deram vários nomes, inclusive Espírito e Deus. Concebiam Deus como uma força ativa permeando o mundo físico, e modelando seus elementos materiais mais passivos para formarem um mundo ordenado de objetos separados. Deus seria feito de formas de matéria mais finas e mais ativas, ou seja, fogo e ar, misturados para produzirem um "espírito" ou "sopro ígneo" divino que nutriria o mundo de dentro para fora. Deus fez sua obra como um artífice competente. Daí a ordem e o desígnio que na opinião deles eram os aspectos significativos da realidade. Daí também a engenhosa adaptação das várias partes do organismo a finalidades diferentes. Aceitaram a grandiosa tradição grega do mundo como um *cosmo*. Mas a analogia do artífice não deve levar-nos enganosamente a separar o deus estóico do material com o qual ele trabalha. Para os estóicos, Deus não estava acima ou fora do mundo impondo a forma sobre a matéria como um planejador humano. Deus estava no mundo e era parte do mundo com tanta certeza quanto a alma está incluída no corpo. Eles proclamavam o credo panteísta.

Os estóicos viam o cosmo como uma entidade viva na qual cada parte está organicamente conectada com cada uma das outras partes. Nas palavras de Cícero, ele "sente e respira em conjunto" à semelhança de um vasto organismo. As partes do universo são unidas por uma "simpatia" universal que assegura que todas as ocorrências em um lugar sejam sentidas através do todo. Eles imaginavam o corpo do cosmo como sendo guiado pela razão, que assegura que nada aconteça por acaso. Tudo é preordenado pelo destino. Tudo é controlado providencialmente pelo espírito divino e racional agindo no mundo e através dele.

Eles seguiram Aristóteles na concepção do mundo como sendo finito em sua extensão e esférico em sua forma. Sua matéria não era dividida em átomos com espaços vazios entre eles. A matéria do mundo estóico formava uma continuidade infinitamente divisível, que enchia cada parte do mundo, não deixando vazios. Seus oponentes argüiam que tal mundo excluiria a possibilidade de movimento, mas os estóicos diziam que aquele *plenum* era elástico, envolvendo-nos como a água envolve os peixes, concedendo assim às criaturas vivas a possibilidade de movimento.

(C) ÉTICA

O aforismo ético fundamental dos estóicos era que as pessoas deviam aspirar a viver "de acordo com a natureza", mas isso não era um movimento de "volta à natureza". A "natureza" era entendida como um mundo ordenado idealmente formado e guiado pela razão divina. Assim, "de acordo com a natureza", significava viver segundo a verdadeira natureza das pessoas como seres racionais. O aforismo significava também viver de conformidade com a "lei natural". Sua doutrina era que a situação do homem num mundo racionalmente ordenado lhe impõe certos deveres, e exige-se dele que corresponda com a escolha de fazer o que é moral e objetivamente bom. A escolha da ação certa constitui a virtude, e leva inevitavelmente à felicidade. O vício consiste em escolher ações contrárias à lei natural.

A virtude, diziam, é o único bem absoluto; e o vício, o único mal absoluto. Entre esses extremos estão diversos objetos de desejo ou aversão moralmente "indiferentes". Neles incluem-se a vida e a morte, a saúde e a doença, o prazer e a dor, a beleza e a feiura, a riqueza e a pobreza. Nenhum é bom ou mau em si mesmo; todos são moralmente neutros, já que todos podem ser usados para favorecer ou prejudicar os verdadeiros interesses de uma pessoa. A ciência de um sábio consiste em sua capacidade de distinguir entre o bem aparente e o bem real.

Já que há somente um bem absoluto — a virtude — e um mal absoluto — o vício —, segue-se que todas as boas ações são igualmente boas, e todos os vícios igualmente maus. Segue-se também que não há uma escala de excelência na graduação do caráter. Nenhuma pessoa é moralmente boa enquanto não atinge a perfeição moral.

A exaltação estóica da razão envolvia um desprezo equivalente pelo prazer e pela emoção. Os estóicos eram basicamente anti-hedonistas em seu modo de ver, embora alguns admitissem que nem todos os prazeres fossem contrários à natureza. Entretanto, adotavam geralmente o ponto de vista de que o impulso primário dos seres vivos é o instinto de conservação, não o de prazer. O prazer nunca deve tornar-se um objeto de busca porque não é um fim natural ou motivo de ação, mas somente um subproduto da ação. Eles classificavam o prazer juntamente com três outras emoções primárias: a dor, o medo e a esperança. Todas as emoções eram vistas com suspeição, porque tendem a perturbar e transtornar o espírito e levá-lo a perder a calma e o equilíbrio da razão. Suas restrições eram dirigidas principalmente às emoções mais violentas, mas qualquer emoção era vista como um defeito da alma análogo à doença do corpo.

Essas opiniões estavam resumidas no ideal de *apátheia**, significando "ausência de emoções intensas". A "apatia" estóica estava longe de exemplificar o sentido moderno da palavra, usada atualmente para designar falta de interesse ou de envolvimento. Há certamente um elemento de desligamento na atitude estóica diante da vida, mas não lhe faltava também vigor. A "apatia" era um estado de espírito no qual alguém cumpria seus deveres sem estar de modo algum dominado pela emoção. Os estóicos pensavam que, se alguém pudesse chegar a tal estado, seria feliz, porque a felicidade consiste na ausência de perturbações da mente, e não na presença de satisfação corporal.

Essa concepção salienta o lado de certo modo negativo que, sem dúvida, faz parte da moralidade estóica. "Domina-te e suporta" era um aforismo típico. Eles exortavam as pessoas a serem moralmente fortes a fim de se livrarem da ansiedade, a terem o domínio de si mesmos a fim de se sobreporem ao desejo. Conquistaram um alto conceito graças ao domínio de si mesmos e à confiança em si mesmos, porque essas disposições os faziam independentes da inconstância da fortuna e de todas as influências externas.

Os estóicos mais antigos eram contrários à emoção porque a consideravam incompatível com o autodomínio racional. Zenão a definia como um movimento do espírito contrário à razão e à natureza, um "impulso para o excesso". A teoria psicológica dos estóicos ligava a emoção à imaginação, afirmando que em sua maior parte os desejos baseiam-se em opiniões falsas daquilo que é bom ou mau para nós. A cobiça, por exemplo, é derivada de uma apreciação falsa do valor do dinheiro. Concluíram que, da mesma forma que alguém pode e deve livrar-se de opiniões falsas, pode e deve livrar-se também completamente das emoções.

Previsivelmente os aspectos mais austeros da ética estóica primitiva se atenuaram mais tarde. A rejeição completa da emoção modificou-se a tal ponto que o homem sábio podia experimentar certas "emoções permitidas", que incluíam a alegria calma, a reverência e a benevolência, consideradas reações apropriadas diante da majestade do universo e das necessidades da condição humana. Essas emoções ou sentimentos eram tidos como diferentes das emoções propriamente ditas por serem profundamente mescladas com a razão, e não eram suficientemente violentas para perturbar a equanimidade geral do sábio.

Houve também uma modificação, devida ao bom-senso, da doutrina de que a virtude é o único bem. No reino das "coisas indiferentes", os estóicos posteriores passaram a distinguir entre o que estava de acordo com a natureza — por exemplo, a visão e a saúde — e o que era contrário à natureza (porque entra em choque com a autopreservação) — por exemplo, a cegueira e as doenças. Tal distinção conferiu imediatamente um *valor* superior à saúde, apesar de ainda não a transformar num bem absoluto. Seria portanto racional escolher o que leva à saúde em vez de o que leva à doença, *desde que um bem mais alto não sofra por isso.* A saúde foi considerada uma das "coisas preferidas" porque tem apreciável valor positivo, faltando pouco para ser absolutamente boa. A doença, e o que a produz — por exemplo, uma dieta nociva e a falta de exercício físicos — tem um valor negativo e portanto cai na classe das "coisas a serem evitadas". Há também uma terceira classe de "coisas puramente indiferentes", tais como usar uma moeda ou outra para saldar uma dívida.

O COMPROMISSO SOCIAL E A ÉTICA DO SUICÍDIO

A ética estóica apresenta duas correntes principais que tendem a divergir. Se se pusesse a ênfase na unidade orgânica do cosmo, conseqüentemente o indivíduo teria o dever de adotar uma atitude cosmopolita e de esforçar-se pelo bem comum da sociedade. Se o valor supremo da conduta racional fosse enfatizado, os valores da liberdade interior e da auto-suficiência tenderiam a obter precedência sobre tudo o mais.

O dever do compromisso social é muito acentuado no pensamento de Marco Aurélio, o que não é surpreendente tendo-se em vista suas responsabilidades como comandante do Império Romano. Suas *Meditações* estão repletas de frases significativas como "O companheirismo é o propósito ínsito em nossa criação" e "O espírito do universo é social". Ele salientou especialmente as ligações de cada pessoa com a comunidade numa "fraternidade de todos os seres racionais". Em sua opinião, temos o dever de subordinar os nossos interesses particulares aos da sociedade. "Criar dificuldades uns aos outros é contra as leis da natureza". Em um trecho da obra, sua linguagem faz pensar fortemente em São Paulo, quando ele diz que cada indivíduo é um "membro" de um corpo único, e exalta a alegria de fazer bem uns aos outros.

O direito do indivíduo de ser dono de sua própria vida parece estar no pólo oposto ao dever do compromisso social. Conseqüentemente, as religiões em sua maior parte condenam o suicídio como moralmente errado, mas os estóicos se recusavam a pensar assim. Consideravam o suicídio a afirmação suprema da liberdade individual e pensavam que o homem como um agente moral devia ser livre para escolher a morte em vez da vida. Agir assim por uma razão boa e imperiosa era em sua opinião o triunfo supremo da boa-vontade.

A LEI E O SÁBIO

A insistência estóica na importância da lei tornou seu credo particularmente simpático ao espírito romano. A concepção de lei dos estóicos brotou diretamente de sua visão do mundo. Aceitaram que a razão divina havia disposto todas as coisas de um modo providencialmente bom, e que cada pessoa tem o dever de conformar-se com esse dispositivo. O dispositivo em si mesmo estimula certas atitudes e ações, tais como o respeito aos pais, o cuidado com as crianças e o tratamento justo e humano à comunidade dos seres humanos. Mas isso, assinalaram, é precisamente o que a lei humana faz quando organiza e impõe um código de conduta. Para os estóicos, a lei humana é um reflexo da lei "divina" ou "natural" inerente à maneira de ser das coisas. Em sua opinião, cada pessoa tem uma tendência para seguir as prescrições da lei, e uma aversão natural para fazer o que ela proíbe. Os impulsos irracionais podem tender a contrariar essas inclinações, mas o homem sábio reprime todos os impulsos desse tipo, e assim obedecerá às leis impostas a ele pela autoridade política (desde que suas leis estejam de acordo com a lei natural). Ele também obedecerá às leis livremente porque sua própria natureza racional diz que esse é seu dever.

O estoicismo era um sistema vigoroso, e o objetivo de seus partidários fervorosos era nada menos que a perfeição. O conceito do sábio ideal produziu um padrão que todos eram chamados a emular, ainda que pouquíssimos o atingissem. Os estóicos gostavam de expressar a perfeição do sábio com asserções paradoxais. Somente o sábio é belo porque somente a virtude é bela. Somente o sábio é rico porque a verdadeira riqueza consiste em não ter necessidades. O sábio é rei porque é senhor de si mesmo. A independência em relação às emoções e aos desejos assegura ao sábio um estado de contentamento imperturbável. Em contraste, o tolo é presa da miséria e do descontentamento. De acordo com os padrões estritos, quase toda a humanidade pertence à classe dos tolos. Só muito raramente aparece um sábio, um Sócrates, um Diógenes, um Catão. Eles tendem a ver as coisas em termos perfeitamente definidos. Ser deficiente em qualquer aspecto da virtude era ser, quanto a ela, totalmente deficiente. Alguém que estiver somente uns poucos centímetros abaixo da superfície da água, diziam, afogar-se-á da mesma forma que alguém que esteja muitos quilômetros abaixo.

A concepção do sábio entroniza o absolutismo moral e o idealismo do sistema. O estoicismo era sob muitos aspectos um credo heróico, e muitos de seus adeptos mostraram um desprezo mais que humano pelo perigo e pela morte. Os estóicos descobriram a força para agir como agiram, não na esperança de recompensas futuras, mas na convicção inabalável de que a própria virtude é sua recompensa, já que somente ela é intrinsecamente boa e desejável. Demos a palavra final a Epícteto:

> O homem bom não será um fio comum no tecido da humanidade, mas um fio de púrpura, aquele toque de esplendor que dá distinção e beleza a tudo o mais.

OS EPICURISTAS

A ESCOLA DE EPICURO

Epicuro (341-270 a.C.) era um ateniense nascido na colônia ateniense de Samos, onde seu pai Neoclés trabalhava como mestre-escola. Ainda jovem, já tinha bons conhecimentos de filosofia, e em 309 começou a ensinar a matéria, primeiro em Mitilene, na ilha de Lesbos, e depois em Lâmpsaco, no Helesponto.

Aproximadamente em 306/307, ele regressou a Atenas e lá comprou uma casa com jardim que passou a ser a sede da escola epicurista. Sem contar visitas ocasionais à Ásia Menor, ele permaneceu em Atenas como professor durante o resto de sua vida. Sua escola ficou conhecida como "Jardim" para ser distinguida simbolicamente do "Pórtico". Os estóicos não hesitaram em dedicar-se a assuntos públicos, mas os epicuristas preferiram viver numa reclusão tranqüila.

Epicuro foi um escritor prolixo, cujas obras encheram 300 rolos de papiro, mas pouco se conservou. Diógenes Laércio preservou três cartas, nas quais resume sua filosofia para benefício de seus amigos, e um conjunto de quarenta e três máximas morais conhecidas como "doutrinas principais". Alguns rolos de papiro muito deteriorados de seu livro *Da natureza* foram recuperados em uma vila em Herculano, e mais oitenta e uma máximas morais foram descobertas num manuscrito do Vaticano em 1888. Além desses restos esparsos, temos uma grande exposição poética do sistema epicurista de autoria de Lucrécio.

Ao contrário do estoicismo, o epicurismo não sofreu quaisquer modificações posteriores. Ele subsistiu em sua forma original estabelecida pelo próprio Epicuro, e nenhum dos chefes subseqüentes da escola introduziu quaisquer mudanças. Além de formular suas doutrinas, Epicuro organizou a escola em linhas refinadas e práticas. Nenhum pagamento estipulado era imposto a seus membros; cada um contribuía de acordo com suas posses e sua inclinação. A admissão de membros estava aberta a todas as classes sociais, inclusive a escravos, sem distinção também de idade ou sexo. Não havia requisitos para a admissão além da instrução básica. Uma característica surpreendente e nova da organização era o compromisso de lealdade pessoal a Epicuro, que todos os candidatos tinham de assumir nos seguintes termos: "Serei fiel a Epicuro; fiz minha escolha de viver de acordo com ele". Aqui alguns leitores se lembrarão da organização das comunidades cristãs mais antigas, e a semelhança é confirmada ainda pela prática de Epicuro de organizar "células" de adeptos em outras cidades, com as quais mantinha contatos por meio de cartas. Há no que resta de sua obra referências a cartas a "amigos" em Lâmpsaco, no Egito, na Ásia e assim por diante. Epicuro queria substituir a coerção pela amizade como força de vinculação na sociedade humana. Talvez tenha confiado demais no "leite da bondade humana". Cícero pensava que ele fez isso, e repudiou vigorosamente o procedimento epicurista como perigosamente subversivo em relação à lei e à ordem. De um modo geral, a escola foi alvo de muitas críticas infundadas, e até de ódio. Os epicuristas foram acusados de ateísmo e de busca desenfreada de prazeres. Sêneca, todavia, estava melhor informado e prestou um tributo admirável à moralidade essencialmente refinada de seus adeptos autênticos.

Os atenienses orgulhavam-se de Epicuro e erigiram uma estátua dele. Todas as nossas fontes concordam em que era dotado de extrema generosidade e espírito humanitário, e que viveu uma vida modesta e marcada pelo autodomínio, deleitando-se com a companhia dos amigos. Há um toque de nobreza e até de santidade em suas últimas palavras. Embora morrendo em meio à grande agonia por causa de uma obstrução urinária, foi capaz de escrever a seu amigo Idomeneu para dizer-lhe que estava perseverando no contentamento até o fim: "Tenho um baluarte contra todo este sofrimento, construído com a alegria que há em minha alma por causa da lembrança de nossas conversas conjuntas".

AS PRINCIPAIS DOUTRINAS DE EPICURO

(A) FÍSICA E COSMOLOGIA

Epicuro aceitou a teoria atômica de Demócrito como a base verdadeira para explicar o mundo dos objetos que percebemos por intermédio dos sentidos. Apesar de sua ênfase na sensação como fundamento do conhecimento, também aceitou uma maneira de ordenar a experiência baseada nas exigências da razão mais do que nas descobertas da percepção. Nem os átomos nem o espaço vazio poderiam ser percebidos pelos sentidos, mas havia, em sua opinião, razões suficientes para inferir sua existência. Por exemplo, não podemos ver o vento, mas ele é capaz de agitar o mar e derribar árvores, e portanto consiste numa corrente de corpos invisíveis que causam impacto nos visíveis. O espaço vazio tampouco pode ser percebido, mas sua existência é necessária para explicar certos fatos como a infiltração da água através das rochas ou a passagem do som através das paredes das casas.

Ele assinalou que átomos indestrutíveis proporcionam uma base permanente para mudanças. As coisas não desaparecem definitivamente. São simplesmente decompostas em suas partes básicas. Se os fatos não se passassem assim, não haveria limites para a destruição, e finalmente tudo no mundo teria desaparecido. A quantidade permanente de átomos proporciona um reservatório residual de matéria da qual coisas novas estão sendo formadas incessantemente. Os átomos são as "sementes geradoras" das coisas, e nenhuma espécie de planta ou de animal pode passar a existir a não ser que os gêneros apropriados de átomos preexistam no lugar apropriado e se juntem no tempo certo.

Em cosmologia, ele adotou a opinião de que, antes de nosso mundo ser formado, os átomos que viriam a compô-lo estavam fluindo rapidamente para baixo através da imensidão infinita de espaço vazio, movendo-se sem plano ou propósito. Demócrito pensava que os átomos eram destituídos de peso e que se moviam em todas as direções. Epicuro modificou a teoria nesse ponto, atribuindo vários graus de peso aos átomos, e imaginando seu peso como se os estivesse levando para baixo em linhas retas com a rapidez do pensamento. Eram circunstâncias que tornavam difícil ver como colidiam e se interligavam para formar corpos maiores.

Para vencer essa dificuldade, Epicuro introduziu uma modificação posterior notável na teoria de Demócrito. Ele supôs que a certos intervalos de tempo um átomo isolado se desviava espontaneamente na menor proporção possível de seu caminho em linha reta. Essa era a hipótese de certo modo notória do *clinamen* ou "desvio atômico", para a qual nenhuma evidência foi oferecida ou explanação foi dada. Mas no pressuposto de que isso ocorria, Epicuro foi capaz de explicar como os corpos passaram a existir. O desvio espontâneo de átomos isolados causou colisões e saltos e deu início a combinações de movimentos intercruzados; o resultado foi que os átomos passaram a ligar-se e agregar-se conjuntamente para formar as maiores massas visíveis que chamamos de céu, terra e mar. O céu era considerado uma espécie de recipiente ou envoltório separando nosso mundo do espaço infinito, dentro do qual novas agregações de átomos levaram ao desenvolvimento sucessivo de plantas e animais. Alguns animais primitivos eram monstruosos, criaturas mal adaptadas incapazes de sobreviver e propagar suas respectivas espécies. Epicuro desenvolveu uma opinião não muito diferente da hipótese de Darwin da "sobrevivência dos mais aptos" para explicar o aparente desígnio nas adaptações orgânicas.

Epicuro teve dificuldades para rejeitar toda e qualquer intervenção divina no processo de formação do mundo. Ele não era um ateu, pois aceitava a existência dos deuses, mas pôs os deuses fora do mundo e nos espaços entre os mundos. Em sua opinião, o nosso mundo não era o único. Considerando o número infinito de átomos e a extensão ilimitada do vazio, te-se-ia de aceitar que outros mundos haviam também passado a existir fortuitamente em outras partes do espaço. Mas os deuses não se interessavam por nosso mundo, ou por qualquer outro, e não intervinham em qualquer processo natural. Os processos naturais tinham explicações naturais. Esse era o grande escudo epicurista contra o medo supersticioso e o temor dos deuses, que segundo se supunha estendiam uma sombra tenebrosa sobre a vida humana. Lucrécio fala em termos candentes do grande feito intelectual grego em levantar os olhos humanos para a pesquisa dos céus sem temor, e em irromper através das "muralhas flamejantes do mundo" para contemplar e compreender a verdadeira natureza da matéria e do espaço. A seus olhos, Epicuro foi a fonte principal dessa proeza por ter reunido todos os avanços anteriores e por juntá-los num sistema coerente cuja compreensão tornou o homem igual aos deuses em entendimento e felicidade imperturbáveis.

(B) A DOUTRINA DA ALMA

A psicologia epicurista é uma ramificação elaborada da física epicurista. A fim de completar sua vitória sobre a superstição, Epicuro deu uma explicação materialista da alma que negava sua imortalidade. Ele concebeu a alma-matéria como um composto de átomos muito pequenos e finamente estruturados, de forma esférica, que podia ser posto em movimento rápido pelo impacto mais leve. Esses átomos da alma, pensava, eram de quatro gêneros diferentes: átomos-vento, átomos-calor, átomos-ar e um componente atômico sem nome, responsável pela sensação (equivalente à energia elétrica do sistema nervoso em nossa terminologia). O componente sem nome era constituído pelos átomos menores e mais lisos de todos, e eram os primeiros a pôr-se em movimento mediante estímulos externos. Seus movimentos constituem percepções e se, por exemplo, produzem uma percepção de perigo iminente, são alcançados pelo elemento quente do corpo. Então, graças à energia invisível dos átomos-vento e átomos-ar, o sangue passa a circular rapidamente, as pupilas se dilatam e todas as partes do corpo são postas no movimento apropriado.

A versão lucreciana da doutrina enfatiza a conexão estreita e íntima entre a matéria-alma e a matéria-corpo. Elas são "entrelaçadas por raízes comuns e não podem separar-se facilmente". Somente quando estão juntas, o movimento e a sensação se tornam possíveis e a vida é criada. Nenhuma das duas percebe independentemente da outra, e quando se separam por ocasião da morte, o corpo se deteriora rapidamente e se decompõe nos átomos que o constituem.

A alma era vista em termos materialistas como uma parte de nosso conjunto corpóreo, parte tão legítima quanto a mão ou o pé ou o olho. Quando teve de enfrentar o problema de explicar a força dominante ou controladora do "espírito" como distinto da matéria, Epicuro estabeleceu uma distinção dentro da alma-matéria entre "espírito" (em latim *animus*) e "espírito-vital" (em latim *anima*). O *animus* ou espírito compunha-se de vento e calor, e estava concentrado na região intermediária do peito, onde sentimos a pulsação de temor e o "toque acariciante da alegria". A *anima*, ou espírito vital, embora essencial para o processo da vida, era menos dominante porque era mais difusa pelo tronco e pelos membros. Num organismo que funciona normalmente, o elemento "espírito" transmite impulsos ao elemento "espírito-vital" que se moveu sob sua direção e por seu turno moveu os membros. Normalmente a operação do espírito não é diretamente aparente, mas se o próprio espírito entra em movimento violento — por exemplo, por causa de um temor avassalador —, suas perturbações têm efeitos visíveis através do corpo no suor, na palidez, no tremor dos membros, no zumbido dos ouvidos e assim por diante. Epicuro interpretou esses efeitos como movimentos transmitidos diretamente pelo espírito ao corpo por contato, e isso era uma confirmação adicional de que o espírito é tão material quanto o corpo. Inversamente, o "impacto abalador de nervos" de uma espada era transmitido ao elemento-espírito como uma vibração despedaçadora.

Nem o espírito nem o espírito-vital são imortais. Ambos nascem e morrem. Por ocasião do nascimento, os finos átomos macios de que se compõem juntam-se no envoltório do corpo. Na hora da morte se espalham e se dispersam como a água escorrendo de um vaso quebrado. Epicuro argumentou sagazmente contra a noção de transmigração da alma. Se aquela doutrina fosse verdadeira, poderíamos achar veados valentes e leões covardes! A alma não é inserida no corpo de fora para dentro. Cresce em conexão íntima com ele, formando uma união a tal ponto estreita que até nossos dentes compartilham das sensações. Essa associação íntima da alma e do corpo impossibilita a existência de uma sem o outro. A morte deve, portanto, ser entendida como a dissolução de ambos. "Enquanto vivemos, a morte não existe; quando a morte passa a existir, nós já não existimos." Epicuro considera isso um fato científico com repercussões importantíssimas na natureza e na conduta da vida.

(C) ÉTICA

A doutrina do prazer de Epicuro era uma faceta extremamente insólita e característica de seu pensamento ético. Platão havia depreciado o prazer, vendo a sua busca como incompatível com a aquisição da virtude. Essa atitude puritana tem origem em sua tendência para ver a alma e o corpo como duas entidades separadas, com o que há de mais elevado na natureza humana concentrado em uma alma imaterial, e o prazer como um fenômeno corporal. Aristóteles considerava a alma inextricavelmente vinculada ao corpo em uma relação forma-matéria. Conseqüentemente, adotou um ponto de vista mais positivo em relação ao prazer, vendo-o como psíquico e não físico, e como um componente importante do bem-estar geral. Em sua opinião, entretanto, ele não era um fim em si mesmo, mas algo que se manifestava na vigília da atividade quando a atividade era livre. Enunciou numerosas boas razões para associar o prazer muito intimamente à atividade, e concluiu que em geral o prazer é uma perfeição superveniente à atividade quando as condições daquela atividade são favoráveis.

Epicuro foi mais longe que Aristóteles em sua reação contra a desconfiança de Platão em relação ao prazer. Ele afirmou que a verdadeira finalidade e meta da vida humana era a maximização do prazer. Fez a observação sensata de que todos os animais evitam a dor, e dela tirou a ilação simples de que cada um de nós deve aspirar ao prazer. Inevitavelmente esse hedonismo ético foi mal interpretado popularmente como uma licença para a satisfação ilimitada dos próprios apetites, e os epicuristas ganharam a má fama de libertinos complacentes. Mas Epicuro teve o cuidado de restringir seu princípio do prazer por meio das qualificações necessárias a assegurar que ele podia tornar-se uma regra de vida respeitável. "Cada prazer", dizia, "era bom em si mesmo, mas nem todos deviam ser escolhidos". Não temos de buscar necessariamente o prazer do momento. O gozo ilimitado do prazer pode ser seguido por um sofrimento que mais do que ultrapassa o prazer. É necessário um cálculo hedonístico. Nosso objetivo deveria ser a obtenção de um saldo favorável de prazer gozado ao longo de toda a nossa vida, do berço até o túmulo. Essa, argumentava, era a maneira racional de buscar o prazer. Além de um certo ponto (quando todas as necessidades penosas tivessem sido removidas), os prazeres podem apenas ser variados, e não aumentados. Uma pessoa perspicaz verá que certos prazeres são mais duráveis que outros de um gênero mais intenso, porém de curta duração. Preferindo os prazeres mais moderados e mais prolongados, que Epicuro chamou de "estáticos" em oposição aos "cinéticos", poderíamos assegurar melhor o bem-estar psicológico e a tranqüilidade mental essencial para vivermos felizes.

Os prazeres estáticos relacionavam-se especialmente com a atividade mental, inclusive a lembrança e a esperança. E aqui Epicuro recomendou o estudo da filosofia como a forma de atividade mental menos extenuante e mais gratificante. Principalmente, se alguém seguisse o sistema epicurista, estaria imunizado contra o temor do sobrenatural, que considerava o destruidor mais potente da tranqüilidade mental. Temor da escuridão, temor de fantasmas, temor da morte, temor do inferno, todos esses ele achava que eram fobias infantis e irracionais, que deveriam ser exorcizadas por sua filosofia. Considerava a doutrina da mortalidade da alma, bem como a doutrina da não-interferência dos deuses nos assuntos humanos ou processos naturais, como os principais baluartes contra a intranqüilidade mental e a angústia que via saturando a comunidade. O filósofo deve raciocinar logicamente sobre tais temores e ansiedades, e pode então cuidar de maximizar seu gozo da vida na base do autodomínio, auto-aperfeiçoamento, atitudes tolerantes e a convivência com amigos diletos com os quais tenha afinidade.

Na prática, Epicuro concordava com os estóicos em elogiar as virtudes cardiais tradicionais, mas o fez de um ponto de vista teórico diferente. Para os estóicos, elas eram expressões do racional na conduta, mas para Epicuro, eram uma maneira experimentada e verificada de maximizar o prazer. Ele disse: "Uma pessoa não pode viver agradavelmente sem viver sabia, honrada e justa; tampouco alguém vive sabia, honrada e justamente, sem viver agradavelmente". A sabedoria nos capacita a fazer uma seleção apropriada de atividades prazerosas. A temperança consiste em evitar prazeres intensos, mas efêmeros. A coragem mostra-se na rejeição constante de temores infundados. O sentimento de justiça era apreciado, embora Epicuro o considerasse como tendo uma base convencional em vez de natural. Adotou o ponto de vista de contrato social da justiça, vendo-a como uma matéria de interesse próprio esclarecido com que os seres humanos deviam concordar para se absterem de prejudicar ou ofender uns aos outros na base de "faça com os outros o que os outros fizerem com você". A justiça é, ou deveria ser, um conjunto de regras criadas para decidir interesses conflitantes, aparelhado para produzir o máximo de prazer aos membros do grupo social.

(D) EPICURO E A SOCIEDADE

Epicuro rejeitou a crença estóica de que a sociedade humana é uma expressão do espírito universal, e de que a comunidade de seres racionais forma um todo orgânico. Ao contrário, considerava o Estado como uma associação informal de indivíduos para ajuda e proteção mútuas. O indivíduo não tem a obrigação fundamental de contribuir para a vida pública. Ele acentua que muitos homens públicos se tornam o alvo de zombaria, invectivas e até ódio. Estar em evidência é estar numa situação potencialmente desgastante. Daí a doutrina epicurista do quietismo, com sua divisa: "Viva discretamente." Não se deve entrar na política a não ser que a natureza da pessoa seja tão inquieta que ela não possa achar felicidade no isolamento da vida privada. Sêneca disse claramente: "De acordo com Zenão, o sábio deve ingressar na vida pública, a não ser que algo aconteça para impedi-lo. De acordo com Epicuro, o sábio não ingressará na vida pública, a não ser que algo aconteça para compeli-lo a ingressar."

Pode-se argumentar contra Epicuro que a sociedade desmoronaria se todos optassem pelo caminho prudente por ele recomendado. E esse sentimento de que seu quietismo foi longe demais tende a ser confirmado quando se lê que pensava que talvez o sábio devesse evitar o casamento e os filhos, que criam uma situação mais produtiva de perturbações que de paz de espírito. Ao menos essa era uma expressão de opinião mais honesta que cínica. À primeira vista, ele não era abertamente contra os parentes, pois conta-se que foi generoso para com seus irmãos e conviveu harmoniosamente com os pais. E com certeza não foi anti-social em sua doutrina da amizade como o fator isolado mais importante para proporcionar a felicidade. Epicuro não era um libertino tresloucado, e sim uma pessoa sensata e inteligente muito amada por seus companheiros. Seguindo o exemplo do chefe, sua escola sempre atribuiu um lugar importante à amizade. Horácio não era um seguidor sistemático, mas teve seus momentos epicuristas, e resumiu bem a doutrina da amizade nestes versos: "Julgo acertadamente quando aprecio um amigo agradável como sendo o melhor dos bens."

A observância dos preceitos religiosos é obviamente um fator importante na organização social. Epicuro ficou impressionado com a ampla difusão da crença em deuses e chegou à conclusão de que os deuses existem, pois "o conhecimento que se tem sobre eles é patente". O que em sua opinião não se percebia claramente era a natureza dos deuses e a maneira de serem cultuados por nós. Negava a veracidade da imagem popular que usufruíam e de suas atividades, imagem acentuada pelos poetas. Essa, pensava, era uma imagem deturpada. "Não é o homem ímpio", dizia, "que abole os deuses da multidão; mas sim aquele que atribui as opiniões da multidão aos deuses." Essas opiniões envoltas em trevas incluem a crença de que os deuses intervêm nos assuntos humanos, de que podem ser influenciados para ajudar ou dissuadidos de prejudicar desígnios humanos por meio de preces ou oferendas, e que suas intenções futuras podem ser conhecidas mediante presságios ou outras formas de adivinhação. Tendo-se em vista a natureza real do mundo e a indiferença total dos deuses em relação a ele, tais crenças tinham de ser vistas como o produto errôneo do temor e da ignorância. Ele rejeitou a idéia de uma providência divina e disse que não fazia sentido dirigir súplicas aos deuses, nem havia meios de nos certificarmos do futuro.

Mas seu ataque à religião não era total. Recomendava uma prática que pode ser considerada uma forma de culto: a contemplação da perfeição dos deuses, refletida em sua natureza indestrutível como seres eternamente vivos. Ele descrevia os deuses desfrutando uma existência bem-aventurada numa tranqüilidade impassível e na convivência amistosa e intelectual uns com os outros. Dessa maneira, representavam um modelo perfeito para a vida humana feliz, como Epicuro a concebia, e a contemplação deles seria uma ajuda ao esforço humano na busca desse ideal. Era essa a forma de religião refinada e purificada que oferecia a seus seguidores. Se a imagem dos deuses fosse necessária como ajuda para a contemplação, Epicuro recomendava que deveriam ser representados com sorrisos em seus rostos e não com o aspecto ameaçador da tradição artística popular.

Ele recomendava a meditação sobre a natureza divina como uma técnica terapêutica importante e positiva para livrar a alma da ansiedade e proporcionar uma bem-aventurada tranqüilidade de espírito. Esse era o primeiro tópico num esquema de preceitos conhecidos como o *Tetraphármakon,* ou "quádruplo remédio", para a desgraça e o descontentamento humanos. O segundo tópico era ter uma atitude correta em relação à morte como dissolução final da alma e do corpo, pondo fim a qualquer possibilidade posterior de pensamento ou sentimento. Em si mesma a morte era simples e totalmente irrelevante para a condição humana, e a aceitação da mortalidade da alma nos protegia contra qualquer temor de punição após a morte. O terceiro tópico referia-se à aceitação de um regime simples e frugal como base para uma vida saudável e agradável. Alguma dor e doença eram inevitáveis mas se fossem ligeiras seriam suportáveis, e se fossem intensas, não durariam muito tempo. Em geral insistia em que as necessidades da vida podiam ser facilmente satisfeitas, e em que, uma vez assegurados os meios de enfrentar privações como o frio e a fome, o prazer corporal é rapidamente sentido e não é intensificado pela adição de superfluidades. A competição nos negócios para assegurar essas superfluidades não é digna dos transtornos que ela causa, e devemos acostumar-nos a existir sem elas vivendo da maneira mais simples possível. O próprio Epicuro, de acordo com relatos, dizia que, se tivesse pão e água, rivalizaria com Zeus em felicidade. O quarto tópico enfatizava a extrema desejabilidade da tranqüilidade de espírito, que poderia ser melhor obtida mediante o estudo do sistema epicurista de filosofia e à sua discussão com amigos de índole igual à nossa.

O epicurismo não era um credo nobre, mas estava muito longe de ser ignóbil. Apesar das deturpações e abusos, conquistou adeptos e sobreviveu durante muitos séculos por causa de sua benignidade, tolerância e bom senso.

OS CÉTICOS

ANTECEDENTES

À semelhança do estoicismo e do epicurismo, o ceticismo surgiu como um sistema filosófico coerente no início da época helenística, mas não era um fenômeno inteiramente novo. Algumas tendências acentuadamente céticas já haviam aparecido no pensamento grego de Zenão de Eléia em diante.

O termo "cético" (*skeptikôs**) significa por definição um "indagador" ou "examinador", e os céticos eram pensadores que adotavam uma atitude independente e crítica em relação a todas as opiniões e doutrinas aceitas. Atitudes críticas não são necessariamente inconsistentes com a sustentação de pontos de vista positivos, como os exemplos de Platão e Aristóteles demonstram. Mas na história da filosofia, períodos de dogmatismo e construção de sistemas tendem a ser sucedidos por períodos de reavaliação radicais e destrutivos, especialmente quando estão ocorrendo grandes transformações sociais e políticas. A época helenística inicial foi exatamente um desses períodos. A reflexão filosófica anterior gerou igualmente dúvidas e certezas, e as várias tensões de dúvida ganharam na época nova força contra o platonismo e o aristotelismo, e também contra os novos sistemas éticos. Houve obviamente esse contraste nas visões do mundo do estoicismo e do epicurismo, que não podiam ser ambas verdadeiras. Se não desejarmos esforçar-nos para escolher entre elas, poderemos sempre adotar uma atitude neutra suspendendo o julgamento em relação à sua veracidade e afirmando que a certeza dogmática seria inatingível, e esse foi o caminho seguido pelos primeiros céticos.

O CETICISMO PRIMITIVO: PÍRRON E SUA ESCOLA

Pírron de Élis (c. 365-360 — c. 275-270 a.C.) é considerado o primeiro grego a formular e ensinar um ceticismo ponderado. Ele não deixou obras, mas conhecemos os nomes de alguns de seus discípulos, e parece que sua escola continuou a existir durante uma geração, pouco mais ou menos, após a sua morte. O ceticismo como sistema filosófico foi então absorvido pela "Nova" Academia.

O ceticismo pirroniano era essencialmente uma técnica para conseguir chegar à imperturbabilidade mental que todas as escolas helenísticas concordaram em ver como a base de uma vida tranqüila. Um relato das opiniões de Tímon de Fliús (c. 320-230 a.C.), discípulo de Pírron, servirá como ponto de partida para o esboço do sistema.

Tímon dizia que qualquer pessoa desejosa de viver tranqüilamente devia pensar seriamente em três perguntas: (1) Qual é a natureza das coisas? (2) Como devemos reagir diante das coisas? (3) Qual é o proveito para quem reage assim?

As respostas céticas a essas perguntas eram claras e consistentes. Os pirronianos sustentavam que sempre pode haver juízos contraditórios acerca das coisas, e não há meios de determinar qual é o juízo verdadeiro. Conseqüentemente, não podemos ter conhecimento certo acerca da natureza das coisas (1). Devemos reagir diante delas suspendendo o juízo e não nos comprometendo com qualquer afirmação definitiva sobre elas (2). A conseqüência prática dessa reação será a inexistência de qualquer envolvimento apaixonado com as coisas ou o desejo forte por elas, já que não sabemos o que podemos realmente estar desejando. O cético torna-se um observador desinteressado, vendo as aparências mutantes das coisas com tranqüilidade inabalável (3). Essa tranqüilidade era tida como o grande benefício de ordem prática resultante da posição filosófica, embora outras pessoas possam considerá-la uma queda inaceitável na apatia. A "indiferença" de Pírron é ilustrada por sua frase: "Não faz diferença se alguém está vivo ou morto." Na prática, os céticos relaxavam o rigor absoluto de seu princípio da indiferença fazendo escolhas de conformidade com os costumes na rotina da vida diária. Contava-se que Pírron pedia desculpas por ficar agitado quando era atacado por um cão feroz, dizendo que era difícil desvencilhar-se completamente da natureza humana!

CETICISMO NA ACADEMIA: ARCESILAU E CARNÉADES

Arcesilau (315-241 a.C.) passou a dirigir a Academia por volta da metade do século III a.C., e a orientou no sentido das opiniões céticas. Ele recomendava a suspensão do julgamento, mas não apenas como uma atitude mental cômoda. Ele a considerava uma posição filosófica respeitável, presente na atitude pouco dogmática de Sócrates, e em sua opinião aceitável também para Platão. O platonismo ofereceu certamente argumentos fortes contra a confiabilidade dos sentidos, usados como munição polêmica contra o sensacionalismo dos estóicos e dos epicuristas. Se a base da epistemologia era suspeita, segue-se que não se poderia confiar na superestrutura. Muito longe da compreensão oriunda de percepções, como Zenão ensinava (ver páginas 136-7), a única saída para a percepção resultante da consciência tinha de ser a falta de compreensão da natureza real dos objetos externos.

O lado polêmico do ceticismo foi vigorosamente desenvolvido na Nova Academia, e dizem que Arcesilau dedicava todas as suas preleções à refutação de pontos de vista de outras pessoas. Transformou o ceticismo no "credo" oficial da Academia, e essa tendência continuou sob Carnéades (214-129 a.C.), cuja contribuição principal foi o desenvolvimento de uma teoria da probabilidade como guia para a ação. Essa teoria aceitava as "apresentações" derivadas dos sentidos, e ele as classificou de acordo com sua plausibilidade e persuasividade. Quanto mais plausível fosse uma "apresentação", tanto maior seria a possibilidade de que fosse verdadeira no sentido de corresponder à realidade. Quando as escolhas ou decisões tinham de ser definidas ou tomadas, Carnéades sustentava que devíamos confiar nas aparências mais plausíveis ou prováveis como nosso guia para a ação.

O CETICISMO TARDIO

A Academia continuou a ser o centro do ceticismo até a época em que Antíoco de Áscalon a dirigiu, na década de 80-70 a.c. Fora de seus muros, o pirronismo reviveu com Enesidemo (que estava no apogeu por volta de 50 a.C.) e outros, que sistematizaram os argumentos contra a possibilidade de adquirir conhecimento, compilando-os na forma de livros de texto numa série de "tropos" ou "lances" que poderiam ser usados para refutar todas as afirmações da confiabilidade dos sentidos ou da validade do conhecimento. Os "tropos" eram parcialmente lógicos em sua forma, e tirados em parte da natureza ilusória e contraditória das aparências sensíveis. Os "tropos" lógicos negavam a possibilidade de descobrir axiomas evidentes por si mesmos ou construir dedutivamente provas completas. Os outros foram uma tentativa para erigir uma barreira intransponível entre a aparência e a realidade. Por exemplo, argumentava-se que as montanhas escarpadas aparentavam ostentar curvas suaves à distância, que uma torre quadrada parecia arredondada de longe, e assim por diante. Também se argumentava que os objetos sensíveis apresentavam aparências diferentes aos diferentes sentidos, e que essas aparências podiam variar de conformidade com o contexto em que o objeto era percebido e com o estado emocional ou físico do observador. Foram relembrados argumentos sofísticos mais antigos pertinentes à relatividade dos costumes e da moral. O resultado final de todos os vários tipos de argumentos foi enfatizar a natureza subjetiva das percepções e das idéias, e indicar que nunca podemos estar seguros de que temos conhecimento fidedigno e objetivo acerca da natureza do mundo exterior. O ceticismo como uma tradição da dúvida constante e sistemática é amplamente exposto nas obras que restaram do médico cético Sexto Empírico (que floresceu por volta do ano 200 d.c.), fonte principal para todo o movimento.

11. PLOTINO E O NEOPLATONISMO

O CARÁTER de Plotino (204-270 d.C.) é vividamente retratado numa biografia conservada, escrita por seu discípulo Porfírio; ele diz que seu mestre se recusava a falar a respeito de suas origens, e que nunca permitiu que seu aniversário fosse comemorado, nem que se pintasse seu retrato. Como um idealista filosófico, Plotino presumivelmente considerava essas trivialidades indignas de registro. Podemos estar razoavelmente seguros de que o grego era sua língua nativa, mas há incerteza quanto ao lugar de seu nascimento. Um lugar provável é o Egito, mas o primeiro fato certo a seu respeito é que aos vinte anos de idade foi estudar em Alexandria. A princípio ele não achou nenhum professor de quem gostasse, mas foi levado a ouvir Amônio Sacas (no auge de sua carreira em 255 d.C.), e depois de freqüentar suas preleções, exclamou: "Este é o homem que eu estava procurando!"

Ele permaneceu junto a Amônio durante onze anos, e afinal emigrou em 243 para Roma. Não falta a seu nome um som romano, e ele pode ter tido conexões com a aristocracia romana — Trajano teve uma esposa chamada Plotina. De qualquer modo, começou a ensinar filosofia em Roma, e por volta de 263, quando Porfírio passou a freqüentar sua escola, ele já era uma figura conceituada com um círculo influente de amigos e discípulos.

Plotino era um pensador idealista que se julgava capaz de dar respostas positivas às grandes questões filosóficas a propósito de Deus, da alma e do mundo. Olhando retroativamente para todo o curso da filosofia grega, ele tentou condensar sua herança de sabedoria num sistema abrangente e espiritualista. Plotino não se chamou de neoplatônico, que é um termo imaginado pelos historiadores modernos da filosofia para ele e para seus sucessores. Ele se considerava um platônico ortodoxo. Platão, o filósofo "divino", era sua autoridade suprema em filosofia, permanecendo em alturas inacessíveis a críticas.

O membro mais antigo de sua escola, um homem devotado a ele chamado Amélio, pediu certa vez a Plotino para acompanhá-lo a um templo a fim de perfazerem um sacrifício. Plotino respondeu enigmaticamente: "São eles que devem vir a mim, e não eu a eles." Parece que para Plotino a exterioridade do culto não tinha grande interesse ou importância. Ele não era ativamente hostil ao culto; era apenas indiferente. A religião para ele era um assunto profundamente pessoal, uma experiência interior da presença divina, e não uma matéria de observância ou cerimônias exteriores. Não há evidência de que jamais tivesse tido qualquer contato íntimo com cristãos ortodoxos, mas era implacavelmente oposto aos gnósticos, um grupo de sectários teosóficos que floresceu durante os primeiros séculos de nossa era na área de interação mística entre o judaísmo, o cristianismo e o mitraísmo. Um ponto importante de diferença era que os gnósticos acreditavam na existência de uma alma do mundo má, ou diabo, enquanto os neoplatônicos se recusavam a admitir a existência de qualquer elemento mau na esfera espiritual.

A noção do sobrenatural na visão de Plotino era fortemente definida. Durante sua vida, o império romano passou freqüentemente por perturbações e sofreu muitos reveses, porém não há qualquer indício disso em sua obra. Mas ao mesmo tempo ele chamou a atenção pela capacidade de dar conselhos práticos a seus amigos. As pessoas e os bens de crianças órfãs eram freqüentemente confiados a seus cuidados, e ele se desincumbia dos deveres de guardião com escrupulosa atenção ao seu bem-estar. Certa vez, quando Porfírio chegou a pensar em suicidar-se, Plotino lhe disse que seu desejo de pôr fim à vida não era uma decisão racional, devendo-se a um excesso de bile negra no organismo, e mandou-o sair da cidade para repousar e mudar de ares. Essa foi a última vez que Porfírio viu seu mestre, pois ele morreu pouco tempo depois na propriedade de um amigo perto de Nápoles. A escola dissolveu-se após a sua morte, mas seu pensamento continuou a exercer grande influência.

Suas últimas palavras anotadas, dirigidas em seu leito de morte a seu amigo Eustóquio, foram: "Tente trazer de volta ao Divino e ao Todo o deus que há em você." Essas palavras significativas encobrem o misticismo que era um elemento de fermentação em seu pensamento. Ele herdou as melhores tradições do racionalismo grego derivadas em última instância de Platão e de Pitágoras, e nelas trabalhou. Mas era também um místico no sentido de que sua filosofia se realçava e aprofundava em sua espiritualidade por uma experiência reiterada de uma união mística com a natureza divina. Seu misticismo ajudou-o a repensar os elementos do platonismo de tal maneira que os transmudou no que era virtualmente um novo sistema. Essa é a justificação para o rótulo de neoplatonismo. Plotino não teve a pretensão de ser um revolucionário, mas graças à sua genialidade para filosofar com originalidade, foi capaz de produzir um sistema vital e coerente que ultrapassou completamente as elaborações de certo modo canhestras de seus predecessores imediatos.

OBRAS

Plotino só começou a escrever quando completou cinqüenta anos. Daí até a sua morte, dezesseis anos mais tarde, produziu um fluxo constante de tratados curtos sobre vários aspectos de seu sistema. Esses tratados não foram escritos com o intuito de publicação, mas somente para circular entre seus amigos e discípulos. Eles não foram planejados como uma obra única, e podem permanecer como ensaios separados, mas cada um deles pressupõe o sistema global, que já havia tomado forma definida no espírito de Plotino.

Plotino pediu a Porfírio para assumir o encargo de editar os ensaios e ele se desincumbiu conscienciosamente da missão, coligindo-os e arranjando-os em seis "livros". A edição apareceu finalmente trinta anos depois da morte de Plotino. Ela continha quarenta e quatro ensaios arranjados mais ou menos de acordo com o assunto em "enéades", ou "grupos de nove", e *Enéades* é o título que a coleção ainda ostenta.

As *Enéades* foram escritas num estilo sóbrio, porém rico, e cada ensaio, à semelhança de um bom sermão, tem como objetivo as perplexidades dos leitores e seu aperfeiçoamento moral. Trechos de argumentação pouco elaborada alternam-se com palavras de eloqüência sublime. O grego está longe de ser fácil, mas nunca é deliberadamente obscuro. A obra foi chamada com muita propriedade de "uma luta inteligente, sempre renovada, para exprimir o inexprimível".

O SISTEMA

(A) O UNO OU O BEM

Plotino afirmava que, quando os seres humanos são despertados e chamados para seu verdadeiro "eu" pela prática da filosofia, podem elevar-se a uma universalidade de pensamento que abrange tudo. Mas, nesse ponto, eles compreendem a verdade do paradoxo sugerido pela primeira vez por Platão de que o fundamento último da realidade paira "acima e além da realidade". Já essa fonte primordial de existência transcende a existência, qualquer tentativa de descrição deve fracassar quando se trata de fazer justiça a ela, e limitará e determinará inaceitavelmente o que é por natureza inefável.

Mas, a despeito da impossibilidade lógica de caracterizá-la de qualquer maneira, Plotino se arrisca a usar dois nomes para designar seu primeiro princípio supremo e referir-se a ele. O filósofo às vezes o chama de Uno, mas seu nome preferido, seguindo o uso de Platão na *República*, é o Bem. Essa reminiscência traz de volta à nossa memória que o primeiro princípio da realidade não é negativo, e sim supremamente positivo. O Bem é o fundamento de todos os valores. Ele é a Bondade, tão rica e plena que transborda para gerar o mundo do Intelecto e os níveis mais elementares de realidade derivados dela. Ele é também uma Bondade tão amável e desejável que recolhe de volta para si mesma tudo o que dela flui. Essa fonte transcendente de existência e valor é a Divindade por excelência, e chegar à sua presença e estar unido a ela num êxtase contemplativo é o objetivo supremo da aspiração intelectual e espiritual.

(B) A PRIMEIRA EMANAÇÃO DO UNO/BEM: O ESPÍRITO DO MUNDO OU INTELECTO

Uma das palavras escolhidas por Plotino para expressar o transbordamento do Uno/Bem é *emanação*. O primeiro produto de sua atividade criativa é o Espírito do Mundo, ou Intelecto, que emana de sua fonte divina como a água corrente de uma fonte perene, ou como a luz radiante do Sol. De forma alguma a fonte diminui por causa desses transbordamentos porque ela é inexaurível — um reservatório superabundante de existência e vida. O transbordamento é necessário porque, dada a natureza do Bem, ele não pode ser concebido como não acontecendo. Ele também é um transbordamento porque não acontece sob qualquer constrangimento. Finalmente é um transbordamento infindável porque a fonte está eternamente em atividade. A criatividade do Bem não é algo que tenha chamado o universo à existência em alguma época remota no passado, e então tenha sido deixado por conta de seus próprios recursos. A emanação do ser derivado não é intermitente, e sim contínua.

Então, o primeiro aspecto da formação imemorial do mundo é o transbordamento sem fim de uma vitalidade indescritível que surge da fonte suprema de todos os seres. Plotino chama-a de "vista que ainda não acabou de ver". Como visão incipiente, ela volta atrás para contemplar o Uno do qual proveio, mas não consegue recuperar o Uno em sua unidade primacial. Em vez disso se "parte" e "se transforma em muitas", como o jato de uma fonte retornando para si mesmo em gotas incontáveis de vaporização. Um jato de água torna-se constantemente muitos jatos, mas retém a unidade de forma enquanto a fonte continua a jorrar. De maneira idêntica, o mundo do Intelecto como a primeira emanação do Uno combina uma multiplicidade que esparge formas com uma unidade interior dinâmica quanto à estrutura.

(C) A SEGUNDA EMANAÇÃO: A ALMA DO MUNDO

A Alma do Mundo emana do Intelecto de uma maneira perfeitamente paralela à emanação do Intelecto vinda do Uno, e constitui o terceiro membro de uma tríade de Substâncias intimamente interligadas. Plotino chama a tríade de "Deus", "segundo Deus" e "terceiro Deus" respectivamente. Alguém pode ser tentado a traçar um paralelo com a doutrina cristã da Trindade. Mas isso seria um erro, porque as Substâncias não são co-iguais, porém a substância que emana é subordinada à substância da qual ela se deriva.

Essa noção de subordinação constitui um aspecto-chave da teoria característica da causalidade de Plotino. Os diferentes níveis de realidade representados pelas emanações sucessivas não devem ser pensados como se aparecessem um depois do outro numa seqüência temporal, mas sim em uma relação intemporal de superioridade e dependência. A relação é causalmente unilateral porque o nível mais alto produz e determina o mais baixo sem perder coisa alguma de sua perfeição superior. O nível mais baixo é inevitavelmente inferior em seu ser essencial porque uma causa superior nunca pode refletir-se total e perfeitamente em seu efeito. Mas um ser em um nível mais baixo pode redimir-se de suas imperfeições reconhecendo-se e identificando-se com sua causa.

A Alma do Mundo é o princípio universal da vida, incluindo todas as almas individuais dentro de sua essência. Plotino compara-a com um "raio partindo de um centro, ligado imediatamente ao Supremo", e baixando ainda até a esfera do corpo. A Alma pode viver no mundo do Intelecto, e pode elevar-se com o Intelecto para transcender-se e fundir-se com o Uno. Pode também viver no mundo sensível onde é responsável pela perfeição e pela formação e ordenamento dos corpos materiais. Sem se preocupar com o nível em que ela funciona, o Uno e o Intelecto estão sempre presentes nela e agindo sobre ela. O Intelecto, iluminando as almas individuais, alça-as em direção a seu próprio nível, e, se elas correspondem totalmente, são afinal levadas para se unirem ao Uno ou ao Bem.

A Alma do Mundo, entretanto, mais que o Espírito do Mundo, mostra uma certa "disposição" em seu desejo de ser independente e viver sua própria vida, a essa disposição da Alma é, para Plotino, a origem do mundo temporal. O Espírito do Mundo opera de tal maneira que tem um conhecimento completo e simultâneo de todos os objetos de pensamento possíveis. Seu modo de viver é um modo eterno no qual não há nada além de serenidade e estabilidade. Se a Alma do Mundo participa dessa vida, ela se funde com o Espírito do Mundo. Ela pode afirmar sua independência e diferença em relação ao Intelecto vivendo uma vida na qual há sucessão, movimento e mudança. A disposição da Alma do Mundo mostra-se em uma espécie de desejo incontido de passar de uma coisa para outra. Por perceber objetos sucessivamente, ela de fato cria o Tempo, que nasce da vida da Alma que se autotransforma, enquanto se move de um modo de viver para outro. Os objetos percebidos sucessivamente pela Alma do Mundo são também percebidos separadamente uns dos outros, e essa percepção lhes dá uma estrutura tanto espacial como temporal. Assim a Alma do mundo produz o Espaço e o Tempo com sua atividade contemplativa.

(D) A TERCEIRA EMANAÇÃO: O UNIVERSO MATERIAL OU O MUNDO DA NATUREZA

O universo material passa a existir no Espaço-Tempo criado pela Alma do Mundo. Plotino compara seu crescimento ao de uma semente que, à proporção que se torna maior, "dissipa sua unidade intrínseca" e "prossegue para uma extensão mais fraca". Nessa massa extensa de mundo, a vida da Alma do Mundo expressa-se em movimento contínuo, através do qual infunde de dentro para fora desígnio e sistema na matéria. Esse ordenamento do mundo material é feito pela Alma com a ajuda de *lôgoi* que ela recebe do Intelecto, e que incorpora em coisas à proporção que as faz. Os *lôgoi* são princípios formativos ativos derivados das regiões mais altas da realidade. Com sua ajuda, a Alma mantém o universo material na melhor ordem de que é capaz, e a unifica tanto quanto pode ser unificado o que está no espaço e no tempo. Tendemos a pensar em almas contidas em corpos. Plotino teve a concepção magnífica de todos os corpos contidos no oceano ilimitado da Alma. O mundo da natureza é comparado brilhantemente com uma rede flutuante no meio abrangente de tudo do mundo espiritual, "imerso em vida, mas incapaz de assenhorear-se do elemento em que está nadando". A rede se estende tanto quanto possível no mar, que já está expandido.

(E) A MATÉRIA

A linha de emanação e queda do Uno termina na extrema negatividade e informidade da Matéria, que é o produto final do movimento progressivo para fora e para baixo das coisas separadas da Unidade e da Bondade. A Matéria não tem existência positiva ou determinada. Ela é o receptáculo passivo das Formas sensíveis, uma espécie de meio no qual estão presentes "como reflexos em um espelho invisível e informe". Por causa de sua extrema negatividade, a matéria última e limitativa do mundo sensível está tão distante do Bem que deve ser vista como um mal. Ela não seria capaz de afetar corpos animados pela Alma, mas até certo ponto parece infectá-los com alguma coisa de sua própria escuridão ou de seu vazio. A matéria comunica certa imperfeição às coisas, tornando-as menos reais e menos boas do que poderiam ser.

A MISSÃO DA FILOSOFIA

Filosofar à maneira plotiniana só é possível para quem aceita e participa de certas crenças básicas acerca da natureza da realidade. Deve-se crer na existência de um mundo invisível de natureza inteligível que transcende enormemente o mundo material visível em significação e valor. Deve-se também crer na "divindade" da alma. Plotino afirma que cada alma humana é "divina", no sentido de que sua existência é derivada em última instância da fonte suprema de toda realidade. Mas ele também ensinou que essa relação básica de parentesco entre o homem e Deus é inevitavelmente distorcida e enfraquecida pelas condições da vida humana. A missão da filosofia é restaurar a afinidade até serem atingidas sua força e sua importância máximas. Ela se desincumbe dessa missão redespertando-nos para o conhecimento de nosso verdadeiro ego e seu lugar no esquema da realidade. "Se alguém se maravilha com o mundo", diz, "maravilha-se com sua própria alma." Ele afirmava que não podemos nos conhecer completamente a não ser em nosso contexto cósmico, e a coisa mais fundamental nesse contexto é a afinidade de nossa alma com o Todo Divino, pelo qual ele queria exprimir o mundo da existência inteligível, juntamente com suas fontes, o Bem ou o Uno.

Cada alma, pensava, sente ao menos um vago impulso para tentar um retorno à sua fonte divina, e esse impulso está no âmago de nossa natureza, e essa é a raiz de todas as religiões. O impulso não é apenas uma fantasia infundada ou gratuita. Ele constitui o próprio fundamento de nossa existência como indivíduos. A função da filosofia é emprestar asas a esse impulso, ajudando-nos a concentrar nossa própria consciência de tal maneira que possamos progredir em nossa ascensão no rumo de uma união mais íntima com o Bem supremo.

A filosofia mostra-nos como podemos nos tornar o que somos essencialmente — um paradoxo plantado no âmago do idealismo. Sendo assim, a filosofia funciona como uma religião, ajudando a alma a voltar ao seu Criador. Não é surpreendente que nos séculos V e VI d.C. a filosofia neoplatônica tenha contribuído significativamente para a formação da teologia cristã.

Plotino admitiu que o mundo de cada dia está longe de ser perfeito, mas também reagiu contra a opinião pessimista gnóstica do mundo como sendo intrinsecamente mau. Em um trecho de sua obra, descreve o mundo como "uma imagem clara e bela dos deuses inteligíveis". Ele insiste em que qualquer pessoa que menospreza e odeia o mundo visível, e que nele não vê beleza, não pode chegar a conhecer e amar realmente a beleza do mundo inteligível.

Plotino reagiu de maneira muito mais favorável que Platão à beleza inerente às obras de arte. Para Platão, a obra de arte era uma cópia de uma cópia, "afastada duas vezes da realidade", e o artista era pouco melhor que um trapaceiro ou ilusionista. Plotino adotou um ponto de vista muito mais elevado quanto ao artista como sendo alguém que imita Deus impondo forma à matéria. Em sua opinião, a essência da beleza é a vitória da forma sobre a matéria. O artista deve esforçar-se por compreender os princípios formativos racionais dos quais os objetos derivam. Deve ter alguma percepção do poder unificante da simetria, da ordem e da proporção, e deve esforçar-se por incorporar esses elementos à sua obra. Agindo assim, traz para cá embaixo alguma coisa do mundo superior e dá corpo a ela no mundo dos sentidos. Como, pergunta, Fídias pôde criar sua famosa estátua de Zeus em Olímpia? Certamente não copiou um modelo humano. Em vez disso, ele ponderou sobre "a forma que Zeus tomaria se desejasse aparecer-nos na forma humana". Essa teoria das "imagens" como reflexo e incorporação das realidades espirituais invisíveis tornou-se a base e a justificação para a arte bizantina cristã. Mas a beleza, na opinião de Plotino, era algo mais que proporções perfeitas. Ele afirmava que há uma qualidade vital acerca de uma obra de arte imponente que atrai o povo para amá-la e admirá-la. O artista de uma obra-prima conseguiu captar a vitalidade eterna do mundo invisível do espírito. Podemos parafrasear Keats e dizer que para Plotino "a beleza é a vida e a vida é beleza".

Em resumo, então, Plotino está recomendando uma apreciação e um uso correto das belezas da natureza e das artes como parte do viver filosófico, da mesma forma que exorta as pessoas à autodisciplina. Trata-se de duas etapas preliminares imprescindíveis na marcha ascendente, mas nenhuma delas pode ser considerada um fim em si mesmo.

CONCLUSÃO

O sistema plotiniano põe a alma humana diante de uma clara escolha metafísica. Ela pode continuar a cair sem um objetivo ao sabor dos ventos no caminho da obstinação, ou pode escolher a trilha ascendente da salvação valendo-se das disciplinas morais e intelectuais da filosofia. A trilha ascendente passa a ser uma trilha de purificação interior na qual a alma se afasta de tudo o que é exterior a ela e se concentra dentro de si mesma em meditação profunda. Nesse caminho, é capacitada a comunicar-se com a realidade e compreendê-la, porque as realidades mais altas do Intelecto e do Uno estão ativamente presentes em cada alma.

> Se tem de haver percepção do que está assim presente, devemos fazer a faculdade perceptiva voltar-se para dentro e mantê-la atenta ali. Esperando ouvir uma voz desejada, deixamos todas as outras passarem e estamos alerta para a chegada, afinal, do mais bem-vindo de todos os sons; aqui, então, devemos deixar os sons dos sentidos irem embora, à exceção dos casos de absoluta necessidade, e manter a percepção da Alma brilhante e atenta para ouvir os sons vindos do alto.

A influência do sistema alastrou-se vigorosamente após a morte de Plotino, e por cerca de três séculos seus sucessores lutaram contra a maré montante do Cristianismo pela adesão dos melhores espíritos do mundo civilizado. Porfírio (234-305 d.C.) tornou-se uma figura influente por seus próprios méritos. Sua obra *Contra os cristãos* aumentou o distanciamento entre os dois sistemas que já tinha começado a aparecer na antipatia de Plotino pelos gnósticos.

A fase final do neoplatonismo como escola filosófica com adeptos conhecidos concentrou-se apropriadamente na Academia platônica de Atenas. Seus representantes principais foram Proclo (410-485) e Damáscio. Proclo dirigiu a Academia com grande erudição e diligência produzindo uma obra extensa, cuja maior parte ainda existe. Seu livro mais influente chama-se *Elementos de teologia*, que proporcionou alguma coisa não encontrada em Plotino: uma apresentação concisa e sistemática dos princípios da metafísica neoplatônica.

Damáscio dirigia a Academia na época em que ela e as outras escolas filosóficas gregas foram fechadas pelo imperador Justiniano em 529 d.C., data tradicionalmente considerada o marco do término histórico da filosofia grega, embora não, é claro, o fim do seu domínio intelectual sobre o espírito humano.

O neoplatonismo representa a última fulguração do movimento no sentido de um entendimento filosófico do mundo, que Tales havia iniciado cerca de onze séculos antes do fechamento por Justiniano. O sistema neoplatônico é uma afirmação poderosa de um mundo invisível do espírito dominando e sustentando o mundo material. Ele contém uma mistura notável de racionalismo, de metáforas poéticas e de aspiração espiritual. À pergunta de Aristóteles "Que é o Ser?", Plotino e seus seguidores responderam que em última análise ele é o Bem ou Deus, transcendendo tudo o que é perceptível e também tudo o que é inteligível. Esse é o coroamento místico do sistema derivado da experiência pessoal de seu fundador. Mas o sistema como um todo não foi de forma alguma aceito sem exame. Todas as suas partes foram discutidas e articuladas de maneira inteiramente racional. Ele apresentou uma explicação abrangente e elevada de Deus, da Alma e do mundo, e sua teologia diferia do Cristianismo por ser baseada na razão e não na revelação.

Se olharmos retrospectivamente para a filosofia grega como um todo, poderemos dizer que a totalidade de seus expoentes aceitou a exortação para "prosseguir na argumentação até onde quer que ela leve". Do primeiro ao último, os pensadores gregos mantiveram uma fé inabalável no poder da razão humana para descobrir a verdade das coisas. Até a rejeição da certeza pelos céticos baseou-se em argumentos racionais. Uma das glórias principais da filosofia grega é que ela estimulou a luz da razão e fez diminuírem as trevas da superstição e do temor. Mas a abordagem racional nem sempre levou ao agnosticismo — longe disso! À proporção que o assunto se desenvolveu, a corrente principal de especulação rumou cada vez com mais força na direção de uma interpretação teística ou panteística do mundo. Platão propôs um transcendente Criador e Pai do universo. Aristóteles propôs desde a matéria mutável até a Forma pura, que é Deus. Os estóicos, embora tecnicamente materialistas, adotaram uma visão enobrecedora da matéria do mundo como sendo penetrada e ativada pela razão divina. Nas palavras de São Paulo, o judeu de Tarso que falava grego, "as coisas invisíveis de Deus foram claramente vistas" pelos melhores espíritos da Grécia.

GLOSSÁRIO

akoúsmata: "coisas ouvidas". Termo usado nos círculos pitagóricos, para referência a uma coleção de sentenças marcantes e preceitos venerados como parte do ensino tradicional de Pitágoras.

apátheia: "ausência de paixão ou emoção". Estado de espírito especialmente apreciado pelos estóicos por capacitar a razão a assumir o comando completo da conduta.

ápeiron: "ilimitado". Termo escolhido por Anaximandro para caracterizar a matéria-prima do universo.

arkhé: "começo", "princípio". Esse termo foi traduzido em latim por *principium,* de onde provém "princípio". Usado para exprimir a fonte original ou causa das coisas, tanto materiais como espirituais.

áskesis: "exercício". Termo usado no atletismo, transferido depois para a disciplina mental; daí a origem de "ascetismo".

átomon (soma): "incortável", "indivisível" (corpo). Talvez o termo original usado pelos "atomistas" para as partículas básicas da matéria como a concebiam.

dialektiké: "a arte da conversação". De Zenão em diante, o termo passou a ser aplicado especialmente à discussão e à argumentação. Platão apropriou-se dele para a forma particular de raciocínio que recomendava para o estudo da natureza última da realidade (ou seja, as Idéias ou Formas). Daí o uso moderno de "dialética" em contextos filosóficos.

dôxai: "opiniões", especialmente das várias escolas de filosofia, mais tarde de seitas religiosas. "Doxógrafo" era aquele que registrava opiniões ou crenças. "Ortodoxia" é "crença correta"; "heterodoxia" são "crenças outras que não as corretas".

episteme: "conhecimento". Daí "epistemologia" no sentido de estudo da maneira de obter e certificar o conhecimento. O termo foi traduzido para o latim por *scientia* (= "ciência").

ethiká: "coisas relativas ao caráter (= *éthos*)", ou seja, assuntos discutidos no estudo sistemático da conduta humana, de onde a ciência da "ética".

eudaimonía: "bem-estar", "felicidade". O objetivo supremo de todos os sistemas éticos gregos.

gênesis: "vir-a-ser", "passar a existir".

harmonía: "encaixe", "ajustamento". Termo aplicado inicialmente à arte do carpinteiro ou construtor de naus. Mais tarde passou a denotar o ajustamento especial das cordas e cavilhas em uma harpa ou lira, e daí a "harmonia" musical produzida por esses instrumentos.

historía: "indagação", "investigação", especialmente como eram praticadas pelos primeiros geógrafos e historiadores jônicos, e também a "informação assim obtida" e o "tratado escrito" a que era incorporada. "História natural" é por derivação "pesquisa sobre a natureza".

homoiomêreia: "semelhança de partes". Termo técnico para as características da matéria como concebidas por Anaxágoras.

hyle: literalmente "madeira", "tronco de árvore", daí qualquer material habitual ou facilmente trabalhável, e assim "matéria".

hypôthesis: "proposta", "suposição". Aparentemente a palavra adquiriu um sentido técnico em geometria, sendo usada nos "pressupostos" empregados na solução de problemas de construção geométrica. Ela foi então transferida para as "premissas", usadas na argumentação lógica.

idêa: "figura", "forma", usada inicialmente para a "aparência" de uma coisa como ela é apreendida pela visão, e depois aplicada a algo interno, especialmente por Platão, para caracterizar a estrutura essencial ou a essência invisível de um objeto. O latim *species* apresenta um âmbito similar de significados. Os sentidos modernos de "idéia" têm pouca ou nenhuma pertinência com os significados antigos do termo.

kínesis: "movimento", "mudança", de onde energia "cinética" e cinema.

kosmos: "ordem". Pitágoras pode ter sido o primeiro a aplicar a palavra à "ordem do mundo"; daí o "universo (ordenado)". A palavra ocorre com certeza nesse sentido em Heráclito.

kritérion: "padrão de julgamento", "aferição de conhecimento", usado especialmente para aquilatar a validade de percepções ou sentimentos.

logos: literalmente "afirmação", "história", "relato". O termo adquiriu acepções específicas, tais como "proporção" (em matemática) e "definição" (em filosofia). Era usado também para "razão" ou "princípio", e na teologia tardia para a "razão divina" manifestada na criação do mundo.

Raiz da qual se derivou "lógica", e também de todos os termos científicos terminados em -logia (por exemplo "biologia", "patologia", etc.).

metá-physiká: literalmente "coisas depois do que é físico". O termo se aplicava inicialmente ao tratado de Aristóteles que (na tradição manuscrita) vem depois da *Física*. Já que essa obra trata exclusivamente de conceitos abstratos, tais como causa e substância, toda essa área da filosofia passou a chamar-se "metafísica".

philôsophos: "amigo da sabedoria (= *sophia*)". Talvez usado primeiro por Pitágoras, para descrever-se a si mesmo e descrever seus interesses. Termo favorito de Platão, usado freqüentemente em contraste com "sofista". A concepção de Platão dos objetivos e métodos da "filosofia" influenciou todos os usos subseqüentes do termo.

physikôs: "estudioso da *physis*" (natureza). Termo usado por Aristóteles para designar os pensadores milésios mais antigos.

physis: "natureza". O que cresce, ou está aqui, em oposição ao que é artificial ou feito pelo homem. A partir de Aristóteles, o estudo do "físico" separou-se do estudo do "metafísico", e isso levou ao uso moderno de "física" como o estudo científico do mundo material.

psykhé: "alma", às vezes vista como o princípio vital inerente ao corpo, às vezes uma entidade separada e imaterial capaz de sobreviver à morte.

skeptikôs: "alguém que reflete e pondera". Do século III a.C. em diante, o termo tendeu a tornar-se limitado àquelas pessoas cujas reflexões as levam a duvidar da possibilidade de adquirir qualquer espécie de conhecimento.

sophia, sophôs: "sabedoria", "sábio"; também "perícia", "perito". Termos usados inicialmente para qualquer espécie de perícia, mas posteriormente tendeu a restringir-se ao bom-senso em política e moralidade.

sophístes: originariamente um profissional de qualquer especialização, um perito, mas a partir de meados do século V a.C. restrito a especialistas ou "professores". Platão distinguiu os "sofistas" daqueles que buscam verdadeiramente o conhecimento, acusando-os de deturpar argumentos para deixar atônitos e impressionados os seus discípulos e o público em geral, e afirmou que sua pretensa habilidade era uma impostura. Suas restrições são em grande parte responsáveis pelo sentido pejorativo ligado atualmente à palavra "sofisma".

stoá: "colunata coberta" ou "pórtico". A palavra "estóico" é derivada do "Pórtico Pintado" em Atenas, onde Zenão (o estóico) costumava fazer suas preleções.

SUGESTÕES PARA LEITURA POSTERIOR

HISTÓRIAS GERAIS

ARMSTRONG, A.H. *An Introduction to Ancient Philosophy.* 4. ed., Londres, Methuen, 1972.

COPLESTON, F.C. *A History of Philosophy.* Vol. I, *Grécia e Roma*, Londres, Burns and Oates, 1946; reimpressa em Londres por Search, 1976.

DIÓGENES, LAÉRCIO. *Lives of Eminent Philosophers.* Dois volumes, bilíngue, trad. de R.D. Hicks, Loeb Classical Library, Heinemann, Londres e Putnam's, Nova York, 1925. *[*Vidas e doutrinas dos filósofos ilustres.* Trad. do grego por Mário da Gama Kury, Brasília, Editora Universidade de Brasília, 1988.]

GUTHRIE, W.K.C. *A History of Greek Philosophy.* Seis volumes, Cambridge, Cambridge University Press, 1962-1981. Exposição completa e notavelmente segura. Acompanha a história até Aristóteles.

PRÉ-SOCRÁTICOS

TEXTOS

BARNES, J. *Early Greek Philosophy.* Hardmondsworth, Penguin Books, 1987. Coleção perfeitamente representativa de fragmentos e testemunhos em tradução inglesa. Ajuda valiosa para o estudioso e o iniciante.

DIELS, H. e KRANZ, W. *Die Fragmente der Vorsokratiker.* 6. ed., Berlim,

* As obras citadas entre colchetes são acréscimos do tradutor.

Lindemann & Ludecke, 1951. Coleção indispensável dos fragmentos em grego, com testemunhos importantes, para estudo erudito.

FREEMAN, K. *The Pre-Socratic Philosophers.* Oxford, Blackwell, 1946. Tradução inglesa dos fragmentos (mas não dos testemunhos).

KIRK, G.S., RAVEN, J.E., SCHOFIELD, M. *The Presocratic Philosophers.* 2. ed., Cambridge, Cambridge University Press, 1983. Seleção razoavelmente completa de textos gregos (com tradução inglesa e comentário crítico).

OBRAS DE CARÁTER GERAL

ALLEN, R.E., FURLEY, D.J. (orgs.) *Studies on Presocratic Philosophy.* Dois volumes, Londres, Routledge & Kegan Paul, 1970, 1975. Antologia de estudos por autoridades no assunto no pós-guerra.

BARNES, J. *The presocratic Philosophers.* Dois volumes, Londres e Boston, Routledge & Kegan Paul, 1979. Avançado, crítico e às vezes pouco ortodoxo.

BURNET, J. *Early Greek Philosophy.* 4. ed., Londres, Adam and Charles Black, 1945. Tratamento clássico em linhas gerais.

CORNFORD, F.M. *Principium Sapientiae.* Cambridge, Cambridge University Press, 1952. Evocativo.

HUSSEY, E. *The Presocratics.* Londres, Duckworth 1972; reimpresso em 1983. Colorido e confiável.

PENSADORES INDIVIDUAIS

PRÉ-SOCRÁTICOS

OS MILÉSIOS

KAHN, C.H. *Anaximander and the Origins of Greek Cosmology.* Nova York, Columbia University Press, 1960.

PITÁGORAS E OS PITAGÓRICOS

GUTHRIE, W.K.C. *A History of Greek Philosophy.* Vol. I (ver acima Histórias Gerais). A seção sobre a filosofia pitagórica é virtualmente um livro em si mesmo.

HERÁCLITO

KAHN, C.H. *The Art and Thought of Heraclitus.* Cambridge, Cambridge University Press, 1979.

PARMÊNIDES

GALLOP, D. *Parmenides of Elea.* Toronto, Toronto University, 1984.

ANAXÁGORAS

SCHOFIELD, M. *An Essay on Anaxagoras.* Cambridge, Cambridge University Press, 1980.

OS ATOMISTAS

BAILEY, C. *The Greek Atomists and Epicurus.* Oxford, Clarendon Press, 1928; reimpresso em Nova York por Russell and Russell, 1964.

OS SOFISTAS E SÓCRATES

FERGUSON, J. *Socrates: A Source Book.* Londres, Macmillan, 1970. Uma rica coleção de materiais.

GULLEY, N. *The Philosophy of Socrates.* Londres, Macmillan, e Nova York, St. Martin's Press, 1968.

GUTHRIE, W.K.C. *A History of Greek Philosophy.* Vol. 3 (ver acima Histórias Gerais). Uma apreciação muito bem organizada e detalhada, especialmente boa sobre os sofistas.

KERFERD, G.B. *The Sophistic Movement.* Cambridge, Cambridge University Press, 1981.

PLATÃO

AS OBRAS COMPLETAS EM INGLÊS

HAMILTON, E. e CAIRNS, H. (orgs.) *The Collected Dialogues of Plato, Including the Letters.* Princeton, Princeton University Press, 1961; sétima impressão, 1973. Um belo Platão em um volume com traduções por um grupo de especialistas.

JOWETT, B. *The Dialogues of Plato.* Quatro volumes, 4. ed. revista e organizada por R.M. Hare, D.A. Russell, Londres, Sphere, 1970. Uma versão vitoriana muito elegante, revista para levar em conta trabalhos modernos, com novas introduções aos diálogos.

ESTUDOS GERAIS

ANNAS, J. *An Introduction to Plato's Republic.* Oxford, Clarendon Press, 1981.

BRUMBAUGH, R.S. *Plato for the Modern Age.* Nova York, Crowell Collier, 1963.

CROMBIE, I.M. *An Examination of Plato's Doctrines.* Dois volumes, Londres, Routledge & Kegan Paul e Nova York, Humanities Press, 1963-69. Boa exposição e crítica penetrante.

GRUBE, G.M.A. *Plato's Thought.* Londres, Methuen, 1935. Uma introdução bem fundamentada que resistiu à prova do tempo.

HARE, R.M. *Plato.* Oxford e Nova York, Oxford University Press, 1982. Um tratamento conciso e elegante na coleção *Mestres do Passado* de Oxford.

RAVEN, J.E. *Plato's Thought in the Making.* Cambridge, Cambridge University Press, 1965. Uma interpretação esclarecedora.

TAYLOR, A.E. *Plato: the Man and his Work.* Londres, Methuen, 1926; 7. ed., 1971. Um tratamento clássico, contendo uma análise vigorosa do conteúdo de todos os diálogos maiores.

ARISTÓTELES

OBRAS COMPLETAS EM INGLÊS

ROSS, W.D. e SMITH, J.A. (orgs.) *The Works of Aristotle translated into English.* Doze volumes, Oxford, Clarendon Press, 1908-52.

ESTUDOS GERAIS

ACKRILL, J.L. *Aristotle the Philosopher.* Oxford, Oxford University Press, 1981. Crítica penetrante, mas simpática.

BARNES, J. *Aristotle.* Oxford e Nova York, Oxford University Press, 1982. Uma adição brilhante e decisiva à coleção *Mestres do Passado.*

LLOYD, G.E.R. *Aristotle: the Growth and Structure of his Thought.* Cambridge, Cambridge University Press, 1968.

ROSS, W.D. *Aristotle.* Londres, Methuen, 1923; 5. ed. revista, 1971. Abrangente e competente.

TRADUÇÕES EM PORTUGUÊS

Política. Trad. do grego por Mário da Gama Kury, Brasília, Editora Universidade de Brasília, 1985.

Ética a Nicômaco. Trad. do grego por Mário da Gama Kury, Brasília, Editora Universidade de Brasília, 1985.

AS ESCOLAS HELENÍSTICAS

FONTES MATERIAIS:

ARNIM, VON, H.F. *Stoicorum Veterum Fragmenta.* Quatro volumes, Leipzig, 1903-24; reimpressão, Stuttgart, 1964. Tem sido há muito tempo a compilação-padrão dos fragmentos dos estóicos.

LONG, A.A. e SEDLEY, D.N. *The Hellenistic Philosophers.* Dois volumes, Cambridge, Cambridge University Press, 1987. Coleção abrangente das fontes. O volume I contém as fontes principais em tradução inglesa com comentário filosófico. O vol. II é um volume auxiliar contendo os textos gregos e latinos com notas e bibliografia.

USENER, H. *Epicurea.* Leipzig, 1887; reimpressão Stuttgart, 1966. Tem sido há muito tempo a compilação-padrão das fontes do epicurismo.

OBRAS DE CARÁTER GERAL

ESTOICISMO

ARNOLD, E.V. *Roman Stoicism.* Cambridge, Cambridge University Press, 1911; reimpressão, Londres, Routledge and Kegan Paul, 1958. Um tratamento clássico.

RIST, J.M. *Stoic Philosophy.* Londres, Cambridge University Press, 1969.

SANDBACH, F.H. *The Stoics.* Londres, Chatto and Windus, 1975.

WATSON, G. *The Stoic Theory of Knowledge.* Belfast, The Queen's University, 1966.

EPICURISMO

BAILEY, C. *The Greek Atomists and Epicurus.* (Ver acima em *Os Atomistas.*)

FARRINGTON, B. *The Faith of Epicurus.* Londres, Weidenfeld and Nicolson, 1967.

RIST, J.M. *Epicurus: and Introduction.* Londres, Cambridge University Press, 1972.

CETICISMO

SEXTO EMPÍRICO. *Obras.* Quatro volumes, em grego e com tradução inglesa paralela de R.G. Bury, Londres, Loeb Classical Library, Heinemann, e Cambridge, Harvard University Press, Mass., 1935.

STOUGH, C.L. *Greek Skepticism.* Berkeley, University of California, 1969.

NEOPLATONISMO

PLOTINO. *The Enneads.* Trad. por G.S. MacKenna, 4. ed. revista por B.S. Page, Londres, Faber, 1969. Uma tradução notável, produto de toda uma vida de trabalho.

WALLIS, R.T. *Neoplatonism.* Londres, Duckworth, 1972.

ÍNDICE ANALÍTICO

Este livro foi impresso por
PROL EDITORA GRÁFICA